"十二五"普通高等教育本科国家级规划教材

综合日语

第三版

总主编　彭广陆　〔日〕守屋三千代

第二册教学参考书

主　编　杨　峻　冷丽敏
编　者　冷丽敏　彭广陆　孙佳音
　　　　王轶群　杨　峻　周　彤

北京大学出版社
PEKING UNIVERSITY PRESS

图书在版编目（CIP）数据

综合日语第二册教学参考书 / 杨峻，冷丽敏主编. —3版. —北京：北京大学出版社，2023.6
ISBN 978-7-301-34042-4

Ⅰ. ①综⋯　Ⅱ. ①杨⋯ ②冷⋯　Ⅲ. ①日语 – 高等学校 – 教学参考资料　Ⅳ. ① H369.39

中国国家版本馆 CIP 数据核字 (2023) 第 100433 号

书　　　名	综合日语（第二册教学参考书）（第三版） ZONGHE RIYU (DI-ER CE JIAOXUE CANKAO SHU) (DI-SAN BAN)
著作责任者	杨　峻　冷丽敏　主编
责任编辑	兰　婷
标准书号	ISBN 978-7-301-34042-4
出版发行	北京大学出版社
地　　　址	北京市海淀区成府路 205 号　100871
网　　　址	http://www. pup. cn　　新浪微博：@ 北京大学出版社
电子邮箱	编辑部 pupwaiwen@pup.cn　　总编室 zpup@pup.cn
电　　　话	邮购部 010-62752015　发行部 010-62750672　编辑部 010-62759634
印　刷　者	河北文福旺印刷有限公司
经　销　者	新华书店 787 毫米 ×1092 毫米　16 开本　9.25 印张　259 千字 2006 年 11 月第 1 版 2023 年 6 月第 3 版　2023 年 6 月第 1 次印刷
定　　　价	48.00 元

未经许可，不得以任何方式复制或抄袭本书之部分或全部内容。
版权所有，侵权必究
举报电话：010-62752024　电子邮箱：fd@pup.pku.edu.cn
图书如有印装质量问题，请与出版部联系，电话：010-62756370

前　言

《综合日语：教学参考书》是《综合日语》（第三版）配套系列教材之一，其宗旨是为教师设计与组织教学提出可供参考的教学思路，为教师开展课堂教学活动提供切实有效的实施方案。

本册是《综合日语》（第二册）（第三版）的教学参考书，由以下六个部分构成：（1）教学目标，（2）语言知识点、学习重点及语言能力拓展，（3）语言知识拓展，（4）学习手册答案，（5）学习手册听力录音，（6）课文翻译。

1. 教学目标

在每一课的教学目标设计中，基于《综合日语》（第二册）（第三版）各课的教学目标，同时结合本课的主题及内容素材，深度挖掘课程思政的要素，特别设计了以育人为目标指向的、本课的"情感目标"，为教师设计教学目标提供参考。

2. 语言知识点、学习重点及语言能力拓展

在每个单元中，依据教学目标，梳理出该单元的语言知识点，并提示学习重点。同时，提示语言知识点与语言运用能力培养之间的关联，避免知识碎片化。例如，哪些表达方式可以用来达成本课提出的教学目标等。此外，新增"语言能力拓展"，建议教师结合各课的语篇素材，引导学生开展拓展性学习活动，提升学生的日语语言综合运用能力。

3. 语言知识拓展

包含语音、词汇、语法等。语音部分列出语音教学方面的规律性问题，便于教师高效开展语音教学；词汇部分提炼使用频率高，以及在意义、使用规则等方面容易产生错误、容易与汉语混淆导致偏误的词汇，并提供教学建议；语法部分则是在各单元语法解说的基础上，进一步梳理、整合教学难点，解析近义表达等，给出教学建议。

4. 学习手册答案

《综合日语》（第二册学习手册）（第三版）各课练习的参考答案。

5. 学习手册听力录音

《综合日语》（第二册学习手册）（第三版）各课的听力录音稿。

6. 课文翻译

《综合日语》（第二册）（第三版）各单元课文的中文翻译。

《综合日语》（第三版）通过公共网络平台分享优质学习资源，超越了固定模式，打破了"纸质媒介"的限制，成为动态、多模态的系列教材。《综合日语：教学参考书》出版后，编委会将根据时代的发展、使用者的反馈，不断更新、补充动态资源，为广大教师提供更有效的教学支援。

　　在编写过程中，所有成员倾注了大量心血。但是由于水平有限，难免存在不尽如人意之处，欢迎广大师生批评指正，使教材不断完善和充实。

　　衷心感谢大家对本书的厚爱，希望《综合日语：教学参考书》能够成为广大一线教师开展教学实践活动的强有力的伙伴。

《综合日语：教学参考书》编者
2023年2月8日

教学温馨提示

1. 本教材充分考虑了中国学生的知识体系、文化背景、认知特点，为以汉语为母语的中国学习者精心打造。在日语学习中，汉字知识的迁移会给学生带来事半功倍的学习效果，但有时也会成为日语学习的羁绊，因此需要在日语学习初级阶段加强指导，帮助学生有效地发挥汉字的作用，同时排除母语的负迁移。

2. 本教材每篇课文都是一个完整的语篇，建议指导学生从语篇出发，基于语篇文本，并在具体语境中理解词语用法以及相关的语言知识，不提倡为了讲解单词、语法等语言知识将一个完整的语篇肢解成若干部分，避免知识碎片化。单词、语法等语言知识的学习可以安排在课文学习之前或者完成课文的学习之后。

3. 本教材会话课文追求日语语言表达的自然与得体，没有采取简单的一问一答的形式。建议引导学生注意到这一点，在自己实践时也尽量模仿自然的语言表达形式。

4. 本教材主要出场人物身份、性格以及人物关系前后统一，贯穿整部教材。每个人物的性格、语言特点、处事方法各具特色，这样精心设计的目的不只是增加教材的故事性与趣味性，更重要的是通过不同的人物个性，体现日语语言表达的特点。建议在教学中挖掘这些素材，帮助学生加深对日语的理解，培养良好的日语语感。

5. 外语学习的初级阶段，存在学生认知水平与外语水平的不匹配。建议鼓励学生大胆使用所学语言知识，根据需要扩充词汇，表达自己的观点以及情感态度等。

6. 日语委婉表达丰富，建议通过教材的会话课文，引导学生学习相关表达方式，基于文化意识，学习掌握不同于母语的表达方式，帮助学生消除由于文化差异而产生的误解或抵触情绪。

7. 外语课堂经常有展示、说明的环节。建议引导学生抓住谈话对象的注意力，建立听众意识，建立共鸣。课堂上组织、引导同学积极参与互动，鼓励学生积极思考、体会、实践，培养学生成为展示、说明的达人，培养学生外语专业素养。

目　次

第 1 課　春　節 ··· 1
　　一、教学目标 ··· 1
　　二、语言知识点、学习重点及语言能力拓展 ··· 1
　　三、语言知识拓展 ··· 2
　　四、学习手册答案 ··· 5
　　五、学习手册听力录音 ··· 7
　　六、课文翻译 ··· 11

第 2 課　コンサート ··· 14
　　一、教学目标 ··· 14
　　二、语言知识点、学习重点及语言能力拓展 ··· 14
　　三、语言知识拓展 ··· 15
　　四、学习手册答案 ··· 21
　　五、学习手册听力录音 ··· 22
　　六、课文翻译 ··· 26

第 3 課　病　気 ··· 29
　　一、教学目标 ··· 29
　　二、语言知识点、学习重点及语言能力拓展 ··· 29
　　三、语言知识拓展 ··· 30
　　四、学习手册答案 ··· 33
　　五、学习手册听力录音 ··· 35
　　六、课文翻译 ··· 38

第 4 課　環境問題 ··· 40
　　一、教学目标 ··· 40
　　二、语言知识点、学习重点及语言能力拓展 ··· 40

	三、语言知识拓展 …………………………………………………	41
	四、学习手册答案 …………………………………………………	45
	五、学习手册听力录音 ……………………………………………	47
	六、课文翻译 ………………………………………………………	49

第5课　遠　足 …………………………………………………………… 52
　　一、教学目标 ……………………………………………………… 52
　　二、语言知识点、学习重点及语言能力拓展 …………………… 52
　　三、语言知识拓展 ………………………………………………… 53
　　四、学习手册答案 ………………………………………………… 55
　　五、学习手册听力录音 …………………………………………… 57
　　六、课文翻译 ……………………………………………………… 60

第6课　宝くじ …………………………………………………………… 62
　　一、教学目标 ……………………………………………………… 62
　　二、语言知识点、学习重点及语言能力拓展 …………………… 62
　　三、语言知识拓展 ………………………………………………… 63
　　四、学习手册答案 ………………………………………………… 65
　　五、学习手册听力录音 …………………………………………… 66
　　六、课文翻译 ……………………………………………………… 69

第7课　弁論大会 ………………………………………………………… 73
　　一、教学目标 ……………………………………………………… 73
　　二、语言知识点、学习重点及语言能力拓展 …………………… 73
　　三、语言知识拓展 ………………………………………………… 74
　　四、学习手册答案 ………………………………………………… 77
　　五、学习手册听力录音 …………………………………………… 78
　　六、课文翻译 ……………………………………………………… 81

第8课　留学試験の面接 ………………………………………………… 85
　　一、教学目标 ……………………………………………………… 85
　　二、语言知识点、学习重点及语言能力拓展 …………………… 85

三、语言知识拓展 …………………………………………………… 86
　　四、学习手册答案 …………………………………………………… 88
　　五、学习手册听力录音 ……………………………………………… 89
　　六、课文翻译 ………………………………………………………… 91

第9課　ゴールデンウィーク ……………………………………………… 94
　　一、教学目标 ………………………………………………………… 94
　　二、语言知识点、学习重点及语言能力拓展 ……………………… 94
　　三、语言知识拓展 …………………………………………………… 95
　　四、学习手册答案 …………………………………………………… 99
　　五、学习手册听力录音 ……………………………………………… 100
　　六、课文翻译 ………………………………………………………… 103

第10課　受　験 …………………………………………………………… 106
　　一、教学目标 ………………………………………………………… 106
　　二、语言知识点、学习重点及语言能力拓展 ……………………… 106
　　三、语言知识拓展 …………………………………………………… 107
　　四、学习手册答案 …………………………………………………… 111
　　五、学习手册听力录音 ……………………………………………… 112
　　六、课文翻译 ………………………………………………………… 115

第11課　アルバイト ……………………………………………………… 118
　　一、教学目标 ………………………………………………………… 118
　　二、语言知识点、学习重点及语言能力拓展 ……………………… 118
　　三、语言知识拓展 …………………………………………………… 119
　　四、学习手册答案 …………………………………………………… 122
　　五、学习手册听力录音 ……………………………………………… 123
　　六、课文翻译 ………………………………………………………… 126

第12課　旅立ち …………………………………………………………… 129
　　一、教学目标 ………………………………………………………… 129
　　二、语言知识点、学习重点及语言能力拓展 ……………………… 129
　　三、语言知识拓展 …………………………………………………… 130

四、学习手册答案 …………………………………………………… 131
五、学习手册听力录音 ………………………………………………… 132
六、课文翻译 …………………………………………………………… 135

第 1 課　春　節

一、教学目标

1. 能够说明做事情的方法和手段。
2. 能够讲述自己的经历。
3. 能够比较或说明文化、习惯等。

二、语言知识点、学习重点及语言能力拓展

1. 语言知识点及学习重点

ユニット1

语言知识点	学习重点
① Nによって（違う）〈基准〉 ② どうやって～んですか〈询问方式〉 ③ V方〈方法〉 ④ Vてから〈先后顺序〉 ⑤ だけ＋格助词〈限定〉 ⑥ Nがする〈感受〉	(1) 运用「Nによって（違う）〈基准〉」「どうやって～んですか〈询问方式〉」「Vてから〈先后顺序〉」表达做事情的方法和手段。 (2) 运用「Nがする〈感受〉」表达自身的感受。

ユニット2

语言知识点	学习重点
① Nの／Vているあいだに〈时点〉 ② Vている（4）〈状态〉 ③ Nをしている〈呈现状态〉 ④ Nの／Vているあいだ〈时段〉 ⑤ Nらしい／らしさ〈风格、特征〉 ⑥ Vてよかった〈积极评价〉	(1) 理解「Vている（4）〈状态〉」与「Nをしている〈呈现状态〉」的语法意义及其区别。 (2) 理解「Nの／Vているあいだに〈时点〉」与「Nの／Vているあいだ〈时段〉」两者的语法意义及其区别。

ユニット3

语言知识点	学习重点
① Nにとって〈评价的立场、角度〉 ② ～（と）は～のことだ〈定义〉 ③ ～となる〈变化的结果〉 ④ （数量词）ほど〈概数〉 ⑤ A₁く〈并列〉	(1)运用「～（と）は～のことだ〈定义〉」「Nにとって〈评价的立场、角度〉」「～となる〈变化的结果〉」表达说明、比较文化与习惯等。

2. 语言能力拓展

(1)搜集资料，围绕作为中国饮食文化元素之一的饺子，了解并梳理饺子对于日本、韩国等亚洲其他国家饮食文化的影响。

(2)搜集资料，了解并梳理不同国家过新年的文化习惯。

三、语言知识拓展

（一）词汇

1. せっかく

「せっかく」是副词，与「のに」搭配使用表示"难得……，却……"，"好不容易才……，却……"，如例(1)、(2)。此外，「せっかく」也可以像本课中与「から」搭配使用，表示"难得都……了，……"所以，句尾多是「～ましょう」「～てください」等表达对对方的建议、劝说等，如例(3)、(4)。

(1)せっかくたくさん作ったのに、あまり食べてくれなかった。

(2)せっかく頂上まで登ってきたのに、曇って来て眺め[风景，景色]がよくなかった。

(3)せっかくですから、今度一緒に富士山に行きましょう。

(4)せっかくここまでやってきたから、最後まで頑張ってください。

2. すてき（素敵）

「すてき」的意思为"极好，绝佳"，偏重于形容事物的外表漂亮、吸引人，个人主观感受较强，如例(1)、(2)。「すてき」的近义词为「素晴らしい（すばらしい）」。「素晴らしい」不仅是对外表的赞美，还指有内涵、有质量，多用于高大雄伟或贵重的东西，偏重于客观评价，如例(3)、(4)。

(1)この店には素敵な洋服がいっぱい揃っている[有；备有；齐全]。
(2)春節の中国らしいイルミネーションもすてきですよね。
(3)唐の時代には素晴らしい建物がたくさん造られた。
(4)この作文集には素晴らしい作文がたくさんある。

（二）语法

1. どうやって～んですか（→ 条目2）

　　a. 本句型对行为方式提问，教学过程中可视情况适当扩展，将疑问词部分替换成其它疑问词，如「いつ、どこ、だれ、どれぐらい」等，练习针对时间、地点、人物、时长等提问的方式。

　　b. 与"疑问词＋しますか"相比，"疑问词＋するんですか"有需要对方做出说明、解答的语气，通常答句也需要采用「～んです」的形式进行回答。

2. だけ＋格助词（→ 条目5）

　　关于表示限定的「だけ」，第一册第9课中学过「果物だけ食べる」这样的用法，本课出现的是「だけ」附加格助词的用法。教学过程中可提醒学生注意格助词通常置于「だけ」之后。

3. Nがする（→ 条目6）

　　这个句型用于表示人的感受、生理或心理状态。学生容易受到以往学过的搭配的影响，产出「～味をする」「頭痛をする」的说法，应留意纠正。

　　「Nがする」的能产性有限，可将其作为惯用搭配记忆。除课本上列出的形式之外，常见的还有如下一些用法：

　　◇車の音がする
　　◇話し声がする
　　◇桜の香りがする
　　◇寒気がする
　　◇めまいがする
　　◇吐き気がする

ユニット 2

1. Ｖている（→ 条目2）

　　a.「Ｖている」是动词的一种语法体（アスペクト），语法体是说话人从时间的角度对事件的观察方式。日语中最基本的语法体有两种，一种是「Ｖる」形式，叫作"完整体"，是将动作变化看成一个整体，从外部对其进行观察；另一种是「Ｖている」的形式，叫作"持续体"，从内部观察动作或变化结果的持续过程。

　　b.「Ｖている」的语法意义大致有以下几种：

　① 表示动作的持续，通常Ｖ是动作意义的动词。

　(1) 今小説を読んでいる。

　(2) 先生と学生が話している。

　② 表示结果的持续，通常Ｖ是变化意义的动词。

　(3) 二人は結婚している。

　(4) 李さんはメガネをかけている。

　③ 表示习惯、反复性的动作。

　(5) 毎晩、公園を散歩している。

　(6) 戦争で多くの人々が死んでいる。

　④ 表示状态。此类动词只有Ｖている（或连体形Ｖた）的形式，一般不使用Ｖる的词形。这类动词数量不多，课本上已列出了常见的词例。

　(7) 娘はお母さんに似ている／似ていない。　（×似る／似ない）

　(8) 彼は優れている／優れていない。　　　　（×優れる／優れない）

2. Ｖてよかった（→ 条目6）

　　a. 该句型是对已经发生的动作、状态进行积极的评价。除了教材上列出的肯定形式之外，有时也可以看到动词否定的形式：

　(1) あの時、あきらめないでよかった。

　　b. 和该句型容易混淆的是句型「Ｖばよかった」，这是一种虚拟语气的说法，相当于"要是……就好了"。试比较：

　(2) a. 昨日のパーティーに行ってよかった。　（参加了昨天的晚会，不错）

　　　 b. 昨日のパーティーに行けばよかった。　（要是参加了昨天的晚会就好了）

1. Nにとって（→条目1）

a.「にとって」属于复合格助词。日语中的复合格助词很发达，用法丰富，常见的有「にとって」「に対して」「として」「について」「に関して」等，由于形式、意义接近，容易混淆，应让学生注意每个复合格助词的接续、用法，必要时加以对比区别。「に対して」「として」将在第4课学习，这里可以先对第一册学过的「について」进行复习、辨析。

(1) a. 私にとって、家族の幸せは一番大事なことです。
　　b. 日本の歴史について研究しています。

b. 要注意「にとって」后的谓语，往往是表示主观判断的表述，如「大事だ、大切だ、難しい、簡単だ」等。一般当陈述的是较为客观判断时，不使用该句式。

(2) ??私にとって、村上春樹は有名な作家だ。

四、学习手册答案

实力挑战

　　年画は、年越しのときに壁に貼る縁起のいい、おめでたい絵のことです。地方によって違いますが、おめでたいデザインが共通の特徴です。年画は約1000年の歴史を持っていますが、その内容は、歴史物語、神話、人物、山水花鳥などと幅広いです。

　　たとえば、コイを抱えて、ハスの花を手にするかわいい子供を描いた「連年有余」という年画は、「連」と「蓮」、「余」と「魚」の発音がそれぞれ同じであることから、毎年「余り」、つまり余裕のある暮らしが出来るようにと願っています。

　　年画は長い歴史を経て、独特な魅力で人々を惹きつけています。

自我检测

I. 文字、词汇、语法

1. (1) てら　(2) つつ　(3) ぶたにく　(4) かず　(5) ていねい
　　(6) こま　(7) けんこう　(8) つた　(9) お　(10) かたち

2. (1) 長寿　(2) 心配　(3) 確認　(4) 休暇　(5) 磨
　　(6) 職場　(7) 帰省　(8) 声　(9) 配信　(10) 迎

3. (1) c (2) a (3) b (4) d (5) b
   (6) a (7) c (8) b (9) c (10) d

4. (1) で(と)(が)   (2) だけに/にだけ(だけと/とだけ)
   (3) に   (4) のを
   (5) に(が)   (6) から
   (7) ほど   (8) で(は)
   (9) が(も)(は)   (10) に

5. (1) 呼び   (2) 読んだり、聴いたり
   (3) して   (4) 要らない
   (5) 曲がっている(曲がった) (6) 長く暑い(長くて暑い)
   (7) 留学している   (8) 食べられて
   (9) 上手に   (10) 短く

6. 回答例
   (1) 1時間ぐらい運動して食事をします。
   (2) 先生に会いました。
   (3) 新聞を読んだりします。
   (4) ずっとアルバイトも頑張りました。
   (5) 車の免許も取りました。
   (6) 旧暦8月15日のことで、中国の伝統行事の一つです。
   (7) 難しくて分かりにくいです。
   (8) 教え方が違います。
   (9) この本を買ったんですか。
   (10) パソコンがよくわかる友達に連絡します。(修理できるお店へ持って行きます)

7. (1) d (2) d (3) b (4) c (5) b
   (6) d (7) d (8) b (9) a (10) c

8. (1) a (2) c (3) b (4) d (5) c

9. (1) 故郷へ帰ること。
   (2) 家族が集まって楽しく過ごすこと。
   (3) 新年の年始に食べる特別な料理。
   (4) 年の暮れにその年の仕事を終えること。また、その日。
   (5) 正月の元日、2日、3日の三日間のこと。

10. (1) b   (2) d   (3) c   (4) c   (5) a
    (6) a   (7) d   (8) c   (9) d   (10) c

Ⅱ. 听力

1. (1) c   (2) a   (3) c   (4) a   (5) c

2. (1) b   (2) a   (3) d

3.

	違うこと	同じこと
中国の春節	例 d、c	e
日本の正月	a、b	

4. (1) c   (2) b   (3) a   (4) b

Ⅲ. 阅读

(1) 秋のおいしいものを食べ過ぎて体重が増えてしまったから。

(2) 「湯tāng（スープ）」はスープを飲みすぎること、「糖táng（砂糖）」は甘いものを食べること、「躺tǎng（横になる）」は食べてすぐ横になること、「燙tàng（熱い）」は極端に熱いものを食べることで、どれも体に良くないから。

(3) 北方では食事の最後にスープを飲みますが、南方では食事の最初に飲むのが習慣です。

(4) 食事で満腹になってからスープを飲むのが食べ過ぎになるからです。

五、学习手册听力录音

实力挑战

请大家看这边，这是中国的年画，这里有江苏、天津、山东、河南、四川、广东的年画。年画是在过年的时候贴在墙上的吉祥喜庆的画。各地年画特点不同，喜庆的

设计是他们共同的特点。年画大约有1000年的历史，它的内容包括历史故事、神话、人物、山水花鸟等题材广泛。

例如，"连年有余"是最有名的年画之一，描绘的是一个抱着鲤鱼手拿荷花的娃娃，"连"与"莲"、"余"与"鱼"的发音相同，寓意着每年都有"余"，也就是祈祷能够"有余"的富足生活。

年画经历了漫长的历史，以它独特的魅力吸引着人们。

自我検測

1. 録音を聞いて、a～dの中から正しい答えを1つ選びなさい。

(1) 質問：休みの間、何をしましたか。

A：休みの間、北京の観光をしたんですよね。
B：ええ。
A：どうでしたか。故宮へ行きましたか。
B：故宮は行きませんでしたが、万里の長城へ行ったり、北京ダックを食べたりしました。天気も良くて、とても楽しかったです。
A：いいお休みでしたね。

質問：休みの間、何をしましたか。

　a．故宮へ行ったり、万里の長城へ行ったりしました。
　b．故宮へ行ったり、北京ダックを食べたりしました。
　c．万里の長城へ行ったり、北京ダックを食べたりしました。
　d．故宮にも万里の長城にも行きませんでした。

(2) 質問：分からないことは何ですか。

A：あのう、パソコンで日本語の文字はどのように入力するんですか。
B：ローマ字で入力してからスペースキーを押します。ローマ字はわかりますか。
A：ええ。日本の友達にメールを送ろうと思っています。
B：そうですか。またわからないことがあったら聞いてください。
A：ありがとうございました。

質問：分からないことは何ですか。

　a．日本語入力の仕方
　b．ローマ字の使い方
　c．メールの送り方
　d．スペースキーの押し方

(3)質問:渡辺さんは今日も授業を休みましたか。
　　A:風邪はよくなりましたか。
　　B:ええ、もう3日も授業を休みましたから、すっかり元気になりました。明日は大丈夫です。
　　A:それは良かったですね。そうそう、渡辺さんが休んでいる間に宿題がたくさん出ましたよ。頑張ってね。
　　B:そうですか。それを聞いたら、また元気がなくなりました。
　　質問:渡辺さんは今日も授業を休みましたか。
　　a.はい、風邪が治らなくて学校を休みました。
　　b.いいえ、昨日も今日も休みませんでした。
　　c.いいえ、昨日は休みましたが、今日は休みませんでした。
　　d.わかりません。

(4)質問:山田さんと王さんは同じ歌を歌いますか。
　　A:次は山田さんが歌いますね。
　　B:ええ。あれ?この歌、さっき王さんが歌いましたね。
　　A:あ、本当ですね。でも歌い方によって全然違いますから。
　　B:そうですね。じゃあ……。
　　質問:山田さんは王さんと同じ歌を歌いますか。
　　a.はい、同じ歌を歌います。
　　b.はい、同じ歌い方をします。
　　c.いいえ、違う歌を歌います。
　　d.いいえ、歌いません。

(5)質問:陳さんの見ていた時計は何時でしたか。
　　A:陳さん、次の授業は何時からですか。
　　B:2時からです。
　　A:行かないんですか。
　　B:あと15分ほどありますから。
　　A:えっ、あそこの時計、遅れていますよ。もう57分ですよ。
　　B:えっ!
　　質問:陳さんの見ていた時計は何時でしたか。
　　a.2:00　　b.1:50　　c.1:45　　d.1:57

2. 録音を聞いて、正しいものを１つ選びなさい。
   A：あのう、李さん。大学から第一病院へはどうやって行くんですか。
   B：第一病院ですか。まず25番のバスで人民広場まで行って、そこで20番のバスに乗り換えるんです。
   A：あ、そうですか。病院までどれぐらいかかりますか。
   B：30分ほどで着くと思いますよ。
   A：そうですか。バスは混んでいますか。
   B：時間によって違います。朝や夕方はとても混んでいますが、それ以外の時間は座ることができますよ。
   A：そうですか。昼ごはんを食べてから、行こうと思います。ありがとうございました。
   B：いいえ。

3. 録音の内容に合うように、a～fを表に入れなさい。
   A：中国では大晦日の夜、家族でギョーザを食べますが、日本でも大晦日の夜に特別な料理を食べる習慣がありますか。
   B：ええ、あります。長寿を願って年越しそばを食べます。
   A：じゃあ、日本では大晦日の夜、爆竹や花火をしてにぎやかに過ごしますか。
   B：いいえ、大晦日の夜は静かにお寺の鐘を聞いていますよ。
   A：へえー、そうなんですか。
   B：国によって、新年の迎え方は違いますが、一家だんらんの時間がいちばん大切だということは同じですね。
   A：そうですね。

4. 問題文を聞いて、最も正しい返答を、a～cの中から一つ選びなさい。
   (1) A：この野菜はどのようにして食べるんですか。
       B：
       a．うちは父が作ります。
       b．大学の食堂で食べます。
       c．細かく切ってから炒めます。
   (2) A：道が分からない時、どうしますか。
       B：
       a．まっすぐ行って、右側にあります。

　　　　b．ネットで調べます。
　　　　c．大学は遠いですね。
　（3）A：中国ではどのように新年を迎えますか。
　　　　B：
　　　　a．花火をあげたりギョーザを食べたりします。
　　　　b．中国の正月は旧正月のことです。
　　　　c．中国の正月は日本と違います。
　（4）A：どうして春節のギョーザにコインを入れるのですか。
　　　　B：
　　　　a．地方によってギョーザの具が違います。
　　　　b．縁起がいいからです。
　　　　c．うちもコインを入れるんですよ。

六、课文翻译

1 春节的习俗

（春节高桥去了王宇翔家）

高桥：春节都要做哪些准备？

王　：各地都不一样。我们家一般是全家人一起打扫卫生、布置房间，爸爸做饭。

高桥：什么，你爸爸？

王　：嗯，我爸爸做饭很好吃。他喜欢做饭，平时也经常做。

高桥：啊？是吗？

王　：嗯。还有除夕的时候大家一起包饺子吃。

高桥：怎么包？

王　：包法各家都不一样。我们家是把白菜或者韭菜切碎，放上猪肉馅儿，把馅儿拌好后包到皮儿里煮着吃。

高桥：哦，是水饺啊。

王　：对啊，饺子形状像过去的"元宝"，很吉利。不过春节的饺子和平时的不同，只在一个饺子中放了特殊的东西。

高桥：啊？什么东西？

王　：过去放硬币，现在放坚果或糖果什么的。

高桥：哦，为什么放这些特殊的东西？

王　：吃到了（这个饺子）的人新年有好运啊，好不容易来了，今年咱们一起包吧？

高桥：好的，一定。你们家的饺子是什么味儿的呢？对了，在你们家我也得说汉语吧？

王 ：是啊，我父母都不懂日语。

高桥：真有点担心啊。

王 ：没关系，有我在呢。

2 体验春节

（高桥和山田讲自己过春节的经历）

山田：高桥，假期当中你去了王宇翔家了吧，怎么样？

高桥：很愉快。他爸爸妈妈都非常和气，人很好。我觉得王宇翔长得像他爸爸。

山田：是吗？这么说，王宇翔的爸爸看上去也很温和了。

高桥：嗯，春节的时候会做各种各样和平时不一样的饭菜，在王宇翔家是他爸爸做。

山田：啊，他爸爸？

高桥：嗯。他爸爸做饭的时候我一直在旁边看着，确实做得很好。

山田：啊，是吗？

高桥：除夕大家一起包饺子，新年到来的时候吃，特别好吃。

山田：真不错。无论在中国还是在日本，除夕之夜都是阖家团圆的时刻。

高桥：嗯。我本以为春节不放烟花爆竹了会不会有些寂寞，实际上一点都没有。

山田：是啊，北京也是满大街都挂着春联、福字、剪纸和灯笼等吉祥的东西。

高桥：春节的气氛特别浓郁，中国风格的春节彩灯也很漂亮。

山田：嗯嗯。还有，直播和手机红包也很有意思。

高桥：能体验一次春节，真是挺好的。

山田：嗯，是的。

3 日本的新年

对中国人来说一年当中最重要的节日春节指的是农历新年。而在日本，新年一般是指阳历新年。

日本的公司一般在28日进行年终工作总结，因此新年休假是从12月29日开始的。那种景象和回乡探亲的大潮会在电视新闻中播出，这已成为岁末的一道风景线。

新年休假是阖家团圆的时光。公司一般休息一周左右，学校也正值寒假，很多从地方来到大城市工作和学习的人都回家探亲，从年末到年初这一段时间，街上变得非

常安静。

　　在年底，全家人一起做扫除，在门厅摆上新年的装饰品，并做年夜饭"おせち料理"。在除夕之夜，有吃又细又长的荞麦面条的习惯，以祈求阖家安康和长寿，这就是"年夜荞麦面"。新年到来之际，寺院的钟声敲响108下，这就是"除夕的钟声"。人们听着钟声，回顾过去的一年，家人之间互道"新年好"，并以崭新的面貌迎接新年。

　　到了新年，人们去参拜神社和寺院。回家之后吃"烩年糕"和"年节饭"。"年节饭"里有很多种东西，而且各有各的意义。比如说，吃"鱼子"是为了祈求多子多孙，"黑豆"表示"健康"，海带象征"喜悦"，加级鱼代表"吉庆"，这些都是由文字游戏产生的说法。

　　正月头三天过了之后，从4日就开始上班了。在工作单位一般都举行"年初开业"仪式，人们互致新年问候，这也是年初的风景之一。就这样新的一年开始了。

第2課　コンサート

一、教学目标

1. 能够预测、推测事情。
2. 能够阐述理由。
3. 能够提出建议。
4. 能够问路、指路。
5. 遵守时间、有时间观念。

二、语言知识点、学习重点及语言能力拓展

1. 语言知识点及学习重点

ユニット1

语言知识点	学习重点
① ～と〈条件〉 ② ～ので〈原因、理由〉 ③ Vて来る／Vて行く〈主体的移動〉 ④ Vた／Vないほうがいい〈建議、忠告〉 ⑤ Vるまで〈状态持续的终点〉 ⑥ ～ないと～ない〈否定性条件〉	(1) 运用「～と〈条件〉」表达路线（指路）。 (2) 运用「～ので〈原因、理由〉」「Vて来る／Vて行く〈主体的移動〉」「Vた／Vないほうがいい〈建議、忠告〉」等，表达理由，提出建议。

ユニット2

语言知识点	学习重点
① ～はずだ〈判断、估计〉 ② ～かもしれない〈推測〉 ③ Nの／Vる途中で〈动作进行中〉 ④ ～か～〈疑问〉 ⑤ ～のは、（～からではなくて）～からだ〈原因、理由〉	(1) 运用「～はずだ〈判断、估计〉」「～かもしれない〈推測〉」表达预测、推测。 (2) 运用「～のは、（～からではなくて）～からだ〈原因、理由〉」表达理由。

ユニット3

语言知识点	学习重点
① N／Vるにとどまらず〈非限定〉 ② Nにより／Nによって〈原因〉 ③ Vてくる／Vていく 　〈动作、变化的持续〉 ④ Vやすい／Vにくい〈难易〉 ⑤ Nの／Vるたびに〈同一情况的反复〉 ⑥ ～というN〈内容〉 ⑦ Vないで〈动作的否定〉 ⑧ Vるべきだ〈义务〉	(1) 理解「Nの／Vるたびに〈同一情况的反复〉」的意思和使用方法。 (2) 运用「Vるべきだ〈义务〉」，陈述义务。

2. 语言能力拓展

(1) 围绕"大众文化"，搜集资料，了解并介绍中国、日本，以及同学们感兴趣的其他国家的"大众文化"。

(2) 拓展日语"四字词语"的学习。

三、语言知识拓展

（一）词汇

切れる

　　「切れる」是自动词，表示"断开；（电池）没电；（信号）中断"等，对应的他动词是「切る」。因为日语中很多自他成对的动词，其他动词通常是「-e-る」的形式，初级阶段学习者容易形成固定思维，把「切れる」误判为他动词，这一点需要提醒学生注意。类似于这样的动词还有「焼く（他）-焼ける（自）」等。例如：

　　電源を切る-電源が切れる　　魚を焼く-魚が焼けた

（二）语法

1. ～と〈条件〉（→ 📖 条目1）

　　日语中表示条件的接续助词「と」「たら」「ば」「なら」是教学中的重点、难点，本课学习的「と」是其中一个。教学中需要注意的是，每学习一个助词需强调其典型用法及易混淆之处，扎实推进。

a.「と」的用法包括句末为非过去时和过去时两种，本课学习的是句末为非过去时的用法，主要包括(a)、(b)两个用法。

　　① 后句为前句的必然结果。可表示自然现象、道路指引、机械构造等客观现象、规律等（后句与说话人意图无关）。

　　(1) 10月になると、寒くなる。
　　(2) このボタンを押すと、ドアが開く。
　　(3) 8時の地下鉄に乗ると、9時に会社に着く。
　　(4) 100メートル歩くと、右側に喫茶店がある。

　　② 习惯性的动作、行为。要注意不能表示未来的事情。

　　(5) 暇があると、映画を見に行く。
　　　　比较：??明日暇があると、映画を見に行く。
　　(6) 朝起きると、まず歯を磨く。
　　(7) 北京に来ると、いつもこのホテルに泊まる。

　　b. 需强调的重点是，以「と」连接的前后两句，后句不能表示邀请、要求、命令、愿望、许可等表达方式，即不能表示说话人的意见、意图。这是与「～たら」「～ば」的不同之处。

　　c. 本课的学习目标之一，是学会问路、指路，可结合课后「文法練習2」反复练习。

　　此处常见的错误是受母语的影响，将「と」误用为「て」。
　　(8) この道をまっすぐ｛×行って　○行くと｝、銀行があります。

2. ～ので〈原因、理由〉（→ 条目2）

　　a. 名词及Ⅱ类形容词接「ので」是不易掌握的知识点，需反复练习。「ので」一般前接简体，在正式或礼貌的文体中，也可前接敬体。常见的错误是后句为简体形式，而前句却使用敬体形式。

　　(1) 仕事が｛×大変ので　○大変なので｝、本を読む時間がありません。
　　(2) 風邪を｛×引きましたので　○引いたので｝、学校を休んだ。

　　b.「から」与「ので」的区分使用，是教学中的难点。

　　「から」一般用于表示说话人较为强烈的主张、意见，用于口语；「ので」则用于表示客观、确定的因果关系，口语中较为温和礼貌，也可用于书面语。

　　后句表达命令、要求、禁止、意志等强烈语气且为简体时，一般使用「から」。后句为敬体时，「ので」也可使用。

(3)忙しい｛??ので　〇から｝手伝ってよ。
　　(4)明日晴れ｛??なので　〇だから｝、行こう。
　　(5)明日晴れ｛〇なので　〇だから｝、行こうと思います。
　　在口语中或正式的场合，对长辈、上级、客人等表示邀请、请求、致歉、拒绝等的理由时，一般用「ので」；而对同伴及后辈、下级等说话时多用「から」。
　　(6)ドアが閉まりますので、ご注意ください。
　　(7)事前予約が必要ですので、お気を付けください。
　　(8)資料を添付ファイルで提出しますので、ご確認をよろしくお願いします。
　　(9)すぐ行くから、待ってて。
　　(10)ちょっと用事があるから、後で電話するよ。
　　(11)もう10時だから、早く寝よう。
　　由于在第一册先导入了「から」，学生在表示原因、理由时往往首选「から」，会造成一些不自然的表达方式。
　　(12)（回答长辈或上级的邀请时）??明日用事があるから、行けません。
　　(13)（被老师问到没来上课的理由）??頭が痛かったから、休みました。
　　c. 后句为「～てください」等要求、请求的表示方式时，「ので」构成的复句有时并不表达明显的因果关系。这也是学生不易掌握的用法。
　　(14)いつでもいいので、また来てください。
　　(15)時間がある時でいいので、よろいくお願いします。

3. Vて来る／Vて行く〈主体的移動〉（→ 📖条目3）

　　根据前接动词语义的不同，「Vて来る／Vて行く」表示主体的移动主要有以下三种用法：
　　① 前接「歩く」「走る」「飛ぶ」「帰る」「入る」等移动动词时，表示动作主体以该方式或方向移动。一般与汉语的"V（过）来/去"对应。
　　(1)鳥が飛んで行った。
　　(2)向こうから王さんが走って来た。
　　(3)先月日本から帰って来た。
　　② 前接「着る」「持つ」「借りる」等他动词时，表示完成该动作后（或保持动作后的状态），动作主体与穿着或携带物一起移动，一般与汉语的"V来/去"或"V着……来/去"对应。
　　(4)飲み物を持って来たよ。
　　(5)図書館から歴史の本を借りて来た。

（6）パーティーに新しい靴を履いて行きたい。

　③ 前接「食べる」「会う」等动词时，表示在该动作完成之后主体进行移动，一般不能与汉语的"V来/去"对应，是学生不易理解和掌握的用法。

　（7）お昼はもう食べてきたので、いらない。

　（8）よかったら一緒にランチを食べていってください。

　（9）今日は田中さんと会ってきたよ。

　（10）旅行を楽しんできてください。

　（11）ここに荷物を置いていってもいいですか。

　尤其是下例中的「Vてくる」，表示去某处后再返回或暂时离开后再返回之意，与汉语的表达方式不对应，不易掌握，需配合场景多加练习。

　（12）ちょっと先生に聞いてくる。

　（13）ちょっと公園で遊んでくるね。

　（14）「じゃ、行ってきます。」「いってらっしゃい。」

4. Vるまで〈状态持续的终点〉（→ 条目5）

　前接时间名词的「まで」和「までに」在第一册第7课进行过解说，本课学习的是前接动词的用法。与前接时间名词时一样，表示该动作、行为完成之前状态持续时，用「まで」；表示该动作、行为完成之前的某个时点上发生了其他动作、变化时，用「までに」。

　（1）母が帰ってくるまでに部屋を片付けた。

　（2）母が帰ってくるまでずっと泣いていた。

　（3）卒業するまでにもう一回日本へ行きたい。

　（4）卒業するまで彼とずっと同じクラスだった。

　需要注意的是，该句式往往译成汉语的"……之前（一直）……"或"……之后再……"，受此影响，学生会出现与「Vる前に」「Vてから」的混用，需提醒。

　（5）×大学に入る前にアルバイトをしなかったことがない。

　　　→大学に入るまでアルバイトをしなかったことがない。

　（6）×先輩が帰ってもいいと言う前に帰れません。

　　　→先輩が帰ってもいいと言うまで帰れません。

　（7）??救急車が来てから、帰ってください。

　　　→救急車が来るまで一緒にいてください。

2

1. ～かもしれない〈推測〉（→ 条目2）

「かもしれない」一般前接简体句子，但是需要注意的是Ⅱ类形容词词干和名词直接接「かもしれない」，不加「だ」。

きれい
きれいでは（じゃ）ない ┐
きれいだった   ├ ＋ かもしれない
きれいでは（じゃ）なかった ┘

大学生
大学生では（じゃ）ない ┐
大学生だった   ├ ＋ かもしれない
大学生では（じゃ）なかった ┘

2. ～か～〈疑問〉（→ 条目4）

需要注意的是，「か」要接在包含疑问词的简体小句后面，学生初学时往往会使用敬体形式：

(1) ×なぜ行きたくないですか知りたいです。
　　→なぜ行きたくないか知りたいです。
(2) ×何人参加しますか教えてください。
　　→何人参加するか教えてください。

3. ～のは、（からではなくて）～からだ〈原因、理由〉（→ 条目5）

该句式是结果在前，原因、理由在后的表达方式。「～からだ」用于强调原因、理由。注意句式中的「から」不能替换为「ので」；对话中回答原因、理由的询问时，也只能用「～からだ」。

(1) 学校を休んだのは、風邪を引いた｛○から　×ので｝だ。
(2) A：どうして学校を休んだんですか。
　　B：風邪を引いた｛○からです　×ので｝。

注意「のは」前接小句时，小句中的主语要用「が」。

(3) 王さん｛○が　×は｝学校を休んだのは、風邪を引いたからだ。

1. Vやすい／Vにくい〈难易〉（→ 条目4）

此处需强调「やすい／にくい」为接在动词后面的后缀（一般称为「接尾辞」），表示难易的意思时不能单独使用。如：

(1) ×このコップは軽くて割れるのがにくい。→ 割れにくい

(2) ×内容を理解すると覚えるのがやすい。→ 覚えやすい

2. Nの／Vるたびに〈同一情况的反复〉（→ 条目5）

a. 该句式表示的动作、现象的反复出现、发生。表示习惯性的动作、必然的结果、理所当然的事情，不用「たびに」，而用「と」。学生经常出现以下误用，需提醒。

(1) 朝起きる｛×たびに　○と｝まずテレビをつける。

(2) あの角を曲がる｛×たびに　○と｝、銀行がある。

b. 该句式后句不能用否定形式或形容词作谓语。

(3) 王さんはパーティーのたびに｛×来ない　○おいしいものを持ってくる｝。

(4) その歌を聞くたびに｛×懐かしい　○懐かしい気持ちになる｝。

3. ～というN〈内容〉（→ 条目6）

该表达方式中的「という」来源于「と言う」，所以名词N一般为「考え、思い、問題、内容、説明、連絡、意見、命令、うわさ」等与思考或言语行为有关的名词，「という」前面的定语小句用于说明该名词的具体内容。「というN」在口语中也说成「っていうN」「ってN」。注意如果只是作为定语修饰名词，而不是说明内容，则不用「という」。比较以下两句话的不同：

(1) 自分の力だけでは解決できない問題がある。

(2) 自分の力だけでは解決できないという問題がある。

4. Vるべきだ〈义务〉（→ 条目8）

「べきだ」和「はずだ」都经常译为汉语的"当然"，所以学生初学时容易混淆。「はずだ」表示说话人根据某一事实，做出较为自信的推测。「べきだ」表示说话人认为（根据道理、常识、义务、责任等）应该做某事，多为对他人的建议、劝告等，不表示推测。

(1) 王さんは参加したいと言っていたから、参加する｛○はず　×べき｝です。

(2)とてもいいチャンスだから、あなたも参加する {×はず ○べき} です。

需要特别强调「Vるべきだ」修饰名词时为「VるべきN（「べき」是连体形）」，经常被误用为「×VるべきのN」或「×VるべきなN」。

(3)やる {○べき ×べきの ×べきな} ことをやる。

四、学习手册答案

实力挑战

Q：中国の歌に興味を持つようになったきっかけは何ですか。
A：我父亲是做国际教育相关工作的，外国留学生经常来我家体验生活。第一次听说C-POP就是中国的大学生来我家的时候。
Q：なるほど。それがきっかけなんですね。中国の歌が日本で人気になって、よかったですね。
A：是啊！我没想到会受到这么大的关注。歌曲有一种力量，能够超越语言、国境吸引我们。今后我想继续用日本人的感性唱令我感动的中国歌曲。
Q：頑張ってください。
A：好的。

自我检测

Ⅰ.文字、词汇、语法

1. (1)いりぐち (2)じょうえい (3)いそ (4)こわ (5)ひとでぶそく

2. (1)基礎 (2)親近感 (3)途中 (4)人気 (5)自信
   (6)田舎 (7)半分 (8)料金 (9)活躍 (10)間に合

3. (1) d (2) a (3) b (4) d (5) b
   (6) c (7) d (8) a (9) b (10) b

4. (1)言った (2)書かない (3)かけない
   (4)走ってくる(走ってきた)(走ってきている)
   (5)帰ってくる (6)読まなかった (7)暇な
   (8)上手な (9)間に合わない (10)作業している
   (11)遅れた (12)買わなく

5. (1) と　(2) に　(3) を　(4) で　(5) まで　(6) ので(から)
　　(7) で　(8) で　(9) から　(10) まで　(11) か　(12) に

6. (1) c　(2) d　(3) b　(4) c　(5) c　(6) d
　　(7) c　(8) b　(9) a　(10) c　(11) a　(12) b

7. (1) c　(2) d　(3) d　(4) b

8. (1) b　(2) c　(3) c　(4) d　(5) b
　　(6) a　(7) a　(8) b　(9) d　(10) c

Ⅱ．听力

1. (1) c　(2) a　(3) c　(4) d

2. (1) b　(2) d

3. (1) ○　(2) ×　(3) ×　(4) ×

4. (1) c　(2) b　(3) b　(4) c

Ⅲ．阅读

○自然な表現を効率的に学ぶことができる。
○たくさん見ることによって耳が慣れて、リスニング力が自然とつく。
○ストーリーがあって、長さが適当なので、楽しく続けられる。

五、学习手册听力录音

实力挑战

Q：你是怎么对中国歌曲感兴趣的呢？
A：父が国際教育関係の仕事をしていましたので、留学生がうちによくホームステイに来ました。C-POPを初めて聞いたのも、そうやって中国からの大学生が来たときでした。
Q：原来如此，是这样啊。你唱的中国的歌曲能够在日本受欢迎真是太好了。

A：ええ、こんなに話題になるとは思いませんでした。歌というのは言葉や国境を越えて人の心を惹きつける力があるんだなと思いました。これからも自分が感動した中国の歌を日本人の感性で日本語で伝えたいと思います。
Q：加油啊！
A：はい、頑張ります。

自我检测

1. 録音を聞いて、a～dの中から正しい答えを1つ選んでください。

(1) 質問：今度の連休に旅行をしますか。
　　A：今度の連休は旅行をしますか。
　　B：いいえ、しません。
　　A：旅行は嫌いですか。
　　B：いいえ、嫌いだからじゃなくて、お金がないからです。
　　A：そうですか。
　　質問：今度の連休に旅行をしますか。
　　a. はい、します。
　　b. いいえ、旅行は嫌いなのでしません。
　　c. お金がないのでしません。
　　d. はい、友達にお金を借りて行きます。

(2) 質問：蘇州への旅行はどうでしたか。
　　A：週末、蘇州へ行ったんですよね。
　　B：ええ、でも旅行の途中で体調が悪くなって……。結局、予定していた観光をキャンセルして、ホテルでずっと寝ていたんです。
　　A：それは残念でしたね。
　　質問：蘇州への旅行はどうでしたか。
　　a. 旅行に行きましたが、観光はできませんでした。
　　b. 体調が悪かったので、旅行に行きませんでした。
　　c. 体調が悪かったので、途中で帰りました。
　　d. 観光の予定を中止して、ホテルを見学しました。

(3) 質問：どうして田中さんは怒っていますか。
　　A：どうして田中さんは、怒ってるんですか。

B：田中さんが怒ってるのは、彼女が約束の時間に遅れたからです。
　　A：そんなに怒らなくてもいいと思いますが。
　　B：そうかもしれませんが、彼女が遅れるのは今日だけじゃなくて、いつもだから……。
　　A：それじゃあ、仕方がないですね。
　　質問：どうして田中さんは怒っていますか。
　　　a．彼女が約束を忘れたから
　　　b．彼女が約束の時間を間違えたから
　　　c．彼女がいつも約束の時間に遅れるから
　　　d．彼女が来ないから

(4) 質問：部屋に帰ってから電話をしますか。
　　A：勉強会の計画を立てているのですが、今、来月の予定がわかりますか。
　　B：部屋に帰って予定表を確認しないとわかりませんが。
　　A：そうですか。
　　B：予定を確認したら電話をしましょうか。
　　A：いえいえ、明日でいいですよ。
　　B：わかりました。
　　質問：部屋に帰ってから電話をしますか。
　　　a．予定がわからないので電話をしません。
　　　b．予定表を確認してから電話をします。
　　　c．勉強会に参加したくないから電話をしません。
　　　d．明日、直接言うので電話をしません。

2．録音を聞いて、質問に答えなさい。
(1) A：すみません。今、郵便局にいるんですが、山田さんの家にはどう行ったらいいですか。
　　B：えーと、郵便局を出て右に行くと交差点があります。その交差点を左に曲がると橋があります。
　　A：橋ですね。
　　B：ええ、橋を渡ると公園が見えます。
　　A：はい。
　　B：その公園を過ぎると左側に家があります。家の前には白い車が停まって

います。そこが私の家です。
　　　　A：わかりました。
　　　　B：わからないときは、また電話をください。
　　(2) A：あの、今、橋を渡って公園の近くにいるんですが。
　　　　B：ええ、その先の左側の家ですよ。
　　　　A：でも、左側の家には赤い車が停まっているんです。
　　　　B：えっ。変ですね。あっ、別の公園かもしれませんね。近くに病院がありますか。
　　　　A：ええ。あります。
　　　　B：やっぱり。じゃあ、李さん、道を間違えていますよ。

3. 会話を聞いて、内容と合っているものには○、間違っているものには×を書きなさい。

　　王　：鈴木さん。
　　鈴木：あっ、王さん、ひさしぶりですね。今からどこへ行くんですか。
　　王　：アルバイトに行くんです。
　　鈴木：えっ、そうなんですか。お金が必要なんですか。
　　王　：ううん。そうじゃなくて、いろいろな経験をしたいからですよ。
　　鈴木：そうですか。でも、大学生は勉強をしたほうがいいと思いますよ。アルバイトをすると勉強の時間がなくなるじゃないですか。
　　王　：それは、大丈夫です。日本人に中国語を教えるアルバイトですから。
　　鈴木：なるほど。じゃあ、そのアルバイトは日本語の勉強にもなりますね。
　　王　：ええ。
　　鈴木：それはいいですね。

4. 問題文を聞いて、最も正しい返答を、a～cの中から一つ選びなさい。
　　(1) A：あのレストランはおいしいですか。
　　　　B：(　　　　)
　　　　a．洋食は苦手です。
　　　　b．それはよかったですね。
　　　　c．ガイドブックに紹介が載っていたからおいしいはずです。
　　(2) A：車で行かないんですか。
　　　　B：(　　　　)

　　　　a．友達と釣りに行きます。

　　　　b．ええ、駐車場がないかもしれませんから。

　　　　c．えっ、彼女もいっしょに行くんですか。

　（3）A：一緒に食事に行かないんですか。

　　　B：（　　　　　）

　　　　a．どちらでもいいです。

　　　　b．ええ、仕事がまだ残っていますから。

　　　　c．そうですか。いいお休みでしたね。

　（4）A：お正月はどう過ごしますか。

　　　B：（　　　　　）

　　　　a．じゃ、直接行ったほうがいいですよ。

　　　　b．いいえ、複雑なのでよく分かりません。

　　　　c．どこへも行かないで、家でゆっくり休もうと思います。

六、课文翻译

ユニット1 音乐会

（王宇翔、高桥和李东三人去听流行歌手的音乐会。音乐会的前一天）

王　：给你，这个。这是明天的票。

高桥：啊，谢谢。

王　：明天6点在首都体育馆的门口见面吧。我和李东也约好在那里见面了。

高桥：首都体育馆在哪儿？

王　：你知道国家图书馆吧，过了国家图书馆，左边就是首都体育馆。在正门门口，6点。

高桥：好的，6点在正门是吧？

王　：啊，对了，别忘了带手机。另外，晚上冷，穿着大衣去吧。

高桥：好的，那明天见。

王　：明天见。

（音乐会那天，王宇翔正在去体育馆的路上）

王　：啊，危险！……你没事吗？

男人：没事吧，啊，糟了！

王　：得叫救护车……（拿出手机）啊，手机没电了！

男人：啊，你会说日语啊。哎呀，这个孩子一下子扑了过来，怎么办啊？

第 2 課　コンサート

王　　：叫救护车吧。
男人：实在不好意思，我不太会说中文，请你等到救护车来了再走好吗？
王　　：啊？怎么办呢……不赶紧走音乐会就赶不上了。
男人：对不起，实在抱歉，请多帮忙。

2 迟到

（高桥和李东在体育馆门口等王宇翔）
高桥：王宇翔还没来，怎么回事呢？
李　　：音乐会马上就要开始了。那个，王宇翔拿着票呢吗？
高桥：嗯，应该拿着呢吧……。
李　　：哦，那咱们在座位上等他吧。先进去吧。
高桥：好吧，王宇翔怎么回事呢。不会在什么地方出事了吧。
李　　：不会的。一会儿肯定会来的。
王　　：李东、高桥。
高桥：王宇翔！太好了。你到底怎么回事呀？
王　　：对不起。是这样的，真是够呛，来的路上碰上了事故……
李　　：有话待会儿再说，咱们走吧。

（音乐会结束之后）
王　　：高桥，你一直不说话，怎么了？
高桥：……你为什么不给我个信儿呢？我还以为你出了什么事，特别担心。
王　　：对不起，手机没电了。
高桥：……
李　　：不能借个手机打电话吗？
王　　：嗯……
李　　：哦，是这样，高桥，王宇翔不能打电话不是因为没有电话，而是电话号码在手机里，他不知道号码。
高桥：我的号码，你不记得吗？
王　　：嗯……

③ 大众文化

　　「ポップカルチャー」是大众文化的意思，最近特指年轻人的娱乐。各国的大众文化不仅被本国的年轻人，也被外国的众多年轻人接受。

　　中日两国是一衣带水的邻邦，自古就有交流，两国人民都很熟悉对方的文化。

　　进入21世纪以来，由于互联网的普及，人们更易于获取国外的信息，文化交流也变得愈发繁盛。例如，活跃于日本的中国歌手以及出现在中国热播节目中的日本歌手增多了。日本的动漫在中国每次上映都受到大家喜爱，中国的动漫也受到世界的广泛关注。

　　对于这样的现状，既有肯定意见也有否定意见。有人认为，如果人们都去追捧外国文化，中国的传统文化就有可能会消失，他们建议不要接受外国文化。也有人认为，人们欣然地接受对方的文化，就能够相互产生亲近感；中国有"洋为中用"，也就是"借鉴外国的东西，使其对中国发挥作用"的观念，因此不要从一开始就排斥，而应接受。

　　今后国家之间的经济交流、文化交流将越来越有活力，大众文化也不仅仅为一国所有，而成为人类共同的财富。青年一代应如何向世界展示自己的国家，如何接受外国的大众文化，这是有必要认真思考的问题。

第3課　病　気

一、教学目标

1. 能够描述自己的身心状况。
2. 能够发出指示。
3. 能够表达道歉。
4. 能够表达安慰（病人）。
5. 能够对他人的帮助或照顾表达感谢。

二、语言知识点、学习重点及语言能力拓展

1. 语言知识点及学习重点

ユニット1

语言知识点	学习重点
① Ｖる／Ｎの前に〈动作的顺序〉 ② それとも〈选择〉 ③ Ｖるようにする〈目标〉 ④ で〈时间量的限定〉 ⑤ Ｖたあとで〈动作的顺序〉 ⑥ Ｎの／Ｖる／Ｖたとおり〈基准、标准〉	(1) 运用「Ｖる／Ｎの前に〈动作的顺序〉」「Ｖたあとで〈动作的顺序〉」「Ｖるようにする〈目标〉」发出指令。

ユニット2

语言知识点	学习重点
① で〈原因、理由〉 ② ～と聞く〈间接引语〉 ③ 动词、形容词的第二连用形〈原因、理由〉 ④ Ｖてくれる／あげる／もらう〈动词的受益态〉 ⑤ Ｖたら〈确定条件〉 ⑥ ～おかげで／～おかげだ〈积极的原因〉 ⑦ ～うちに〈时间范围〉 ⑧ もう〈加强语义〉	(1) 运用「Ｖてくれる／あげる／もらう〈动词的受益态〉」「～おかげで／～おかげだ〈积极的原因〉」对于他人的帮助或照顾，表示感谢、感激之情。 (2) 运用「～と聞く〈间接引语〉」进行转述。

ユニット3

语言知识点	学习重点
① くださる／いただく／さしあげる〈授受・敬语〉 ② Ｖてくださる／ていただく／てさしあげる〈受益・敬语〉	(1) 运用「くださる／いただく／さしあげる〈授受・敬语〉」「Ｖてくださる／ていただく／てさしあげる〈受益・敬语〉」，对于他人的帮助或照顾，表达感谢。

2. 语言能力拓展

搜集资料，了解日语中的相关表达：关心、理解、安慰、照顾等。

三、语言知识拓展

（一）词汇

ずいぶん、かなり

在本课第一单元中，医生说嗓子肿得很厉害时，用的是「（のどが）ずいぶんはれています」。而在说体温很高时，用的是「（体温が）かなり高いです」。会有学生对这两处表示不解，为何都表示程度高，文中会用两个不同的副词，这两个副词的区别又是什么，是否能够换用？表示程度高的「ずいぶん」和「かなり」的主要不同之处，在于「ずいぶん」可以表示其程度超过了想象，而「かなり」则表示虽然程度很高，但是尚可以接受，在预测范围内。可以请学生体会下面的例句。

(1) 今日はずいぶん／かなり暑いですね。

(2) 1年間勉強してきて、日本語がずいぶん／かなり上達している。

（二）语法

1. 动作的顺序（→ 条目1，5）

a. 注意引导学生掌握句型的结构，尤其是动词的接续形式是「Ｖる」还是「Ｖた」，时间名词后的助词是「に」还是「で」（助词有时可省略）。讲解时可以考虑将条目1、5一并进行，对比学习。

b.「Ｖたあとで」与第一课学习过的「Ｖてから」都表示先发生前项的动作、变化，再发生后项的动作、变化，二者意思较接近。如以下两个句子均成立：

(1) a. 宿題をしてからテレビを見ます。

b.宿題をした後でテレビを見ます。

　　二者的区别在于：「Vてから」强调前项动作的重要性，往往有不做前项动作就无法完成后项动作的含义；而「Vたあとで」则比较客观，仅是单纯叙述二者的时间顺序。试比较：

　(2) a.手を洗ってから食事をしてください。

　　　b.×手を洗った後で食事をしてください。

　(3) a.20歳になってからお酒を飲みます。

　　　b.×20歳になったあとで、お酒を飲みます。

2. で〈时间量的限定〉（→条目4）

　　以往接触到的时间词，其后通常加「に」或不加助词，本课出现的"时间词＋で"，对于学生而言是一个较为新鲜的形式。这里的「で」与「に」的区别在于，「に」是单纯指称一个时点，而「で」则包含有界限、限度的意义。可以通过例句比较说明。以下两个句子均成立，语感略有差别：

　(1) a.夏休みは8月31日に終わります。（只着眼于结束的时间点，单纯的陈述）

　　　b.夏休みは8月31日で終わります。（关注事件即假期的持续，到31日这个时间点达成了一个界限，界限感强。）

2

1. で〈原因、理由〉（→条目1）

　a.表原因是格助词「で」的一个主要用法。与「から、ので」等引导的原因从句相比，"名词＋で"的形式使用范围比较小，名词多为事件、事故、自然现象等包含动态意义的名词，一般用于客观陈述，而不用于意志表达的语境中。

　(1) a.地震で家が倒れた。

　　　b.×地震で早く家から逃げなさい。

　(2) a.風邪で体がだるい。

　　　b.×風邪で休んでください。

　b.格助词「から」也可以用来表示原因，二者相比，「で」一般是引起动作变化的直接原因，而「から」往往是间接原因。

　(3) a.たばこのポイ捨てでガスが爆発した。（乱丢烟头，直接导致煤气爆炸，两个事件之间的时间关系是瞬时的。）

　　　b.たばこの火の不始末から大火事になった。（烟头管理不善，引燃其他物

品，进一步导致火灾，"烟头"与"火灾"之间呈连锁性的因果关系，二者时间间隔较长。）

2. Vてくれる／あげる／もらう〈动词的受益态〉（→ 条目4）

　　a. 受益态是授受动词的一个扩展用法。授受动词是日语初级学习阶段的一个重点，也是难点，学习本句型之前可以首先复习授受动词直接做谓语的用法。

　　b. 使用受益态的目的是为了表达"某行为使得自己（或对方）受益"，因此要表达中性意义的动作甚至是有负面作用的动作时，一般不能使用受益态。不能单纯地将受益态等同于汉语的"给我……""给某人……"。表示说话人利益受损害时，不能使用「てくれる」「てもらう」等句型，而是要使用被动句。

　　(1) a. 好きな人がずっとそばにいてくれて、うれしかったです。
　　　　b. 嫌いな人にずっとそばにいられて、いやでした。
　　(2) a. 私は母に髪を切ってもらった。（我拜托妈妈给我剪发。→得益）
　　　　b. 私は母に髪を切られた。　　（我被妈妈强行剪了头发。→受损）

　　c. 中国学生在产出相关表述时，有时因为对"恩惠"语感把握不准确而造成误用。这一问题往往体现在两个方面：一是该用「てくれる」「てもらう」而漏掉了；二是不该使用「てあげる」却使用了，这一点应在教学中予以适当强调。

　　(3) a. ×母は私の大好きなお菓子を送った。
　　　　b. 母は私の大好きなお菓子を送ってくれた。
　　(4) a. ??先生、荷物を持ってあげましょう。（有施恩于人的语感，用于尊者不恰当）
　　　　b. 先生、荷物をお持ちしましょう。

3. Vたら〈确定条件〉（→ 条目5）

　　「Vたら」可以表示确定性的条件，描写两个无关联事件的"继起—发生"；同时也可以表示假定性的条件，描写在假设前项成立的前提下，发生后项，这个用法将在第4课学习。本课学习的是第一个用法。这个用法大多可以和「Vると」互换，相比之下，「Vたら」语感更加随意轻松一些。

第3課 病気

1. 授受与受益态的敬语（→ 条目1，2）

这两个学习项目是在授受动词、受益态的基础上，向敬语方向的扩展。要注意根据动作的方向、说话人与自己的地位关系选择使用正确的授受动词，注意"内外有别、长幼有序"。

建议结合第2单元的所学知识，从基本表达入手，然后扩展到敬语，教师可给出不同场景，反复练习，强化学习效果。

四、学习手册答案

实力挑战

你　：您好！这是我们系新来的日本专家。
医生：哦，你好你好！
外教：你好！请多关照。
医生：どうしましたか。
外教：我上周六来到这边之后肚子就有些不舒服，昨天开始皮肤上起了这个红点。
医生：あ、蕁麻疹が出たんですね。環境の変化に適応できていないからでしょうね。漢方薬を出しても大丈夫でしょうか。
外教：什么疗效的中药啊？
医生：環境に早く慣れるように体の調子を整える手助けをするお薬です。
外教：好的，那我就试试。
医生：生ものや冷たい物は食べたり飲んだりしないようにしてくださいね。1週間か2週間でよくなると思います。
外教：好的。
医生：それから、こちらの水は日本と違うから、生水は飲まないようにしてください。
外教：好的。
医生：まず、1週間分の薬を出しますから、朝晩1回ずつ、食後に飲んでみてください。具合が悪くなったら、また病院に来てくださいね。
外教：好的。谢谢！
医生：お大事に。

自我检测
Ⅰ.文字、词汇、语法
1. (1) しょくよく   (2) ぶ   (3) いきぬ   (4) みま   (5) りょうりつ
   (6) ぐあい   (7) なみだ   (8) たの   (9) はげ   (10) さ

2. (1) 安心   (2) 返事   (3) 朝晚   (4) 忘   (5) 卓球
   (6) 推薦   (7) 支   (8) 成績   (9) 風邪   (10) 助

3. (1) c   (2) d   (3) b   (4) d   (5) a   (6) b
   (7) c   (8) d   (9) b   (10) a   (11) a   (12) d

4. (1) a   (2) d   (3) d   (4) a   (5) a   (6) b
   (7) b   (8) c   (9) b   (10) a   (11) d   (12) d

5. (1) が(も)   (2) で   (3) に   (4) で   (5) で   (6) で
   (7) も   (8) に   (9) に   (10) に   (11) まで   (12) と

6. (1) 守る   (2) 触らない   (3) 泳いだ   (4) 使う
   (5) 説明した   (6) している   (7) うるさくて(うるさいので／うるさいから)
   (8) 書けない   (9) 教えて   (10) 謝ったら(謝ったから／謝ったので)

7. (1) b   (2) c   (3) d   (4) a

Ⅱ.听力
1. (1) a   (2) d   (3) b   (4) d

2. (1) d   (2) b   (3) a   (4) c

3. (1) ○   (2) ×   (3) ×   (4) ×   (5) ○   (6) ×

4. (1) c   (2) b   (3) b   (4) a

Ⅲ.阅读
(1) d   (2) d

五、学习手册听力录音

实力挑战

你　：您好！这是我们系新来的日本专家。
医生：哦，你好你好！
外教：你好！よろしくお願いします。
医生：你哪儿不舒服啊？
外教：先週の土曜日にこちらに来て、ちょっとおなかの調子が悪いです。昨日から皮膚にこの赤いのができて……
医生：哦，出荨麻疹了。应该是水土不服，开点儿中药行吗？
外教：どんな効果がある漢方薬ですか。
医生：就是帮你调理一下，尽快适应。
外教：それなら、飲んでみます。
医生：不要吃生冷的东西，1、2个星期一般就能适应了。
外教：分かりました。
医生：另外，我们这里的水和日本的不一样，千万不要喝生水啊！
外教：分かりました。
医生：先吃一个星期试试看吧，早晚各一次，饭后服用。有不舒服的情况及时来医院。
外教：分かりました。ありがとうございました。
医生：好，你多保重！

自我检测

1. 録音を聞いて、a～dの中から正しい答えを1つ選びなさい。

   (1) 質問：どうして大きな声を出してはいけないのですか。

   Ａ：大きな声を出さないようにしてください。李さんが具合悪くて寝ているから。

   Ｂ：わかりました。

   質問：どうして大きな声を出してはいけないのですか。

   a. 具合が悪くて寝ている人がいるからです。
   b. 疲れて寝ている人がいるからです。
   c. 大きな声を出すと具合が悪くなるからです。
   d. のどが痛いからです。

(2)質問：毎朝していることについて、何と言っていますか。
　　A：私は毎朝、学校へ行く前に運動をしています。
　　B：朝ごはんはいつ食べるんですか。
　　A：運動をした後で食べます。
　　B：じゃあ、ずいぶん早く起きるんですね。大変ではありませんか。
　　A：いいえ、朝早く起きて体を動かすと気分がいいですよ。
　　質問：毎朝していることについて、何と言っていますか。
　　a．運動をして、ごはんを食べて、それから学校に行くので、疲れます。
　　b．学校へ行く前に、ごはんを食べてから運動をします。
　　c．学校へ行く前に、運動をして、ご飯を食べるので、朝は大変です。
　　d．朝、運動をすると気分がいいです。
(3)質問：高橋さんはこの果物の名前を知っていますか。
　　A：高橋さん、この果物、知ってますか。
　　B：ええ、もちろん、日本でも食べますから。
　　A：日本語で何ていうんですか。
　　B：えー、あれっ、日本語でなんと言うか忘れてしまいました。
　　質問：高橋さんはこの果物の名前を知っていますか。
　　a．果物は知っていますが、日本語の名前は知りません。
　　b．知っていますが、日本語の名前を忘れました。
　　c．知りません。
　　d．知っていますが、中国語の名前はわかりません。
(4)質問：どうして本を返しましたか。
　　A：これ、ありがとうございました。
　　B：あっ、もういいんですか。
　　A：ええ、とてもおもしろかった。
　　B：じゃあ、よかったら、この本も読みませんか。これもおもしろいですよ。
　　A：いいんですか。ありがとうございます。
　　質問：どうして本を返しましたか。
　　a．返さなければなりませんから。
　　b．つまらなくて、もう読みたくないからです。
　　c．読まないからです。
　　d．最後まで読んだからです。

2. 録音を聞いて、内容と合うイラストをa～dの中から選び、記号を書きなさい。
   (1)女：長い間、パソコンを使ったので、肩が痛いです。
   (2)男：おなかが痛いので、きょうは要りません。
   (3)男：交通事故にあって、けがをしました。
   (4)女：頭が痛いので、今から寝ます。

3. 録音を聞いて、録音の内容と合っていれば○、間違っていたら×を書きなさい。
   (1)田中さんは張さんにかばんを持ってもらいました。
   (2)王さんは陳さんにおいしいレストランを教えてあげました。
   (3)郭さんは私を空港まで迎えに来てくれました。
   (4)渡辺さんは高橋さんに小説を貸してもらいました。
   (5)李さんは私に手紙を書いてくれました。
   (6)鈴木さんに王さんの電話番号を教えてあげました。

4. 問題文を聞いて、最も正しい返答を、a～cの中から一つ選びなさい。
   (1)A：どうしましたか。
      B：(　　　　)
      a．それはいけませんね。
      b．お大事に。
      c．ちょっと頭が痛いです。
   (2)A：ただいま。
      B：(　　　　)
      a．そうだったんですか。
      b．お帰りなさい。
      c．ええ、ちょっと……。
   (3)A：具合はどうですか。
      B：(　　　　)
      a．分かりました。
      b．もう大丈夫です。
      c．はい、十分ですよ。
   (4)A：よかったら、どうぞ。
      B：(　　　　)
      a．それでは、いただきます。

b. そうですか、本当に心配ですね。
c. どうぞお入りください。

六、课文翻译

ユニット1 看病

（高桥觉得身体不舒服，去有日本医生的医院看病）

医生：下一位，请进。高桥，嗯……，你是留学生吧？

高桥：是的，请多关照。

医生：哪里不舒服？

高桥：嗯……，昨天晚上突然发起烧来，睡觉前吃了药，但是烧还没有退，而且嗓子也特别疼。

医生：好，先用这个量一下体温。好，请张开嘴。哦，肿得挺厉害的。好了，可以了。

高桥：大夫，其实我最近一直都没有食欲。

医生：是吧，留学生活也挺不容易的，可能有些压力吧。应该时常放松一下。

高桥：好的。

医生：我看一下体温计，38度7，挺高的。不卧床的话挺难受的吧。

高桥：嗯，有点。

医生：看上去是感冒。我给你开一个星期的药，早晚各吃两片。

高桥：饭前吃还是饭后吃？

医生：饭后。再开一些漱口药，尽量多漱漱口。

高桥：好的，知道了。

医生：可能两三天后烧就退了，但退烧之后，刚才也说过了，还得按时吃药，好好休息。

高桥：好的，谢谢您。

医生：多注意身体。

ユニット2 探望

（王宇翔听说高桥生病一直卧床休息就来到她的宿舍探望）

渡边：我回来了。

高桥：你回来了。

王　：你好。高桥你好点儿了吗？

高桥：啊，王宇翔，你怎么来了？

王　：我听渡边说你病了好几天都没上课，有点不放心。
高桥：所以你来看我了，不好意思。但我们宿舍男生不能进来啊。
王　：哦，但我实在放心不下，就求渡边帮我向看宿舍的老师解释了一下。
渡边：稍微花了点时间，但好好说了一下，还是让他进来了。很幸运。
王　：嗯，多亏了渡边。
高桥：是这样啊。
王　：高桥你怎么样了？
高桥：谢谢你，好多了。
王　：是吗，那我就放心了。啊，这是在附近买的粥，你喝吧。
高桥：哇，闻上去很香，谢谢。
王　：趁热喝吧。
高桥：那我喝了。对了，前几天去听音乐会的时候，我不该生气，对不起。
王　：没关系。我没打电话是我不对，你别往心里去。那，我该走了……
渡边：啊，你要回去了吗？
王　：嗯，高桥你好好休息。再见。
高桥：再见，真的谢谢你。

3　高桥的日记：来中国后至今最为高兴的事

　　时隔很久，我今天去了学校。因为感冒休息了一个多星期，这还是第一次。去医院前身体很疲乏，我以为烧会一直不退呢，（没想到）从医院拿的药很管用。跟大夫说的一样，第四天烧就退了，也有了食欲。现在完全恢复了，心情也很好。尽管要补回一周落下的课挺辛苦的，但我还是觉得生病也不错，因为我发现了身边有很多真心帮助我的人。

　　请假的日子里，老师打电话问候我，之后也多次联系和鼓励我。

　　我高烧的时候，渡边看护我到很晚，退烧后又帮助我上网课，真的非常感谢！

　　赵媛媛说一直躺着可能会觉得没意思，就推荐我看网上的京剧节目。山田师姐和铃木把遣唐使会全体成员写的卡片和我特别喜欢的鲜花带给了我。

　　还有王宇翔，虽然听音乐会那天我们吵了架，但他还是最先来看我的。进女生宿舍一定不容易吧。王宇翔回去之后，我和渡边两个人喝了他送来的粥，很好喝。王宇翔是怀着什么样的心情来看我的呢？这么一想，我眼泪都流出来了。

　　生病当然很难受，但多亏生病才切身感受到朋友和周围人的温情和体贴。我今后也不会忘记大家的好。

第4課　環境問題

一、教学目标

1. 能够理解关系亲近者之间的谈话。
2. 能够描述自己的经历。
3. 能够发表自己的意见与观点。
4. 树立环境保护意识。

二、语言知识点、学习重点及语言能力拓展

1. 语言知识点及学习重点

ユニット1

语言知识点	学习重点
① Nとして〈性质、资格〉 ② Nに対して／Nに対する〈対象〉 ③ Vてみる〈尝试性的动作〉 ④ Nにある〈抽象的处所〉 ⑤ V（よ）うか〈犹豫〉 ⑥ ～ても〈让步条件〉 ⑦ 日语简体会话的特点(1)	(1) 理解、运用日文的简体表达。 (2) 运用「～ても〈让步条件〉」表达意见与观点。

ユニット2

语言知识点	学习重点
① ～んじゃない（の)か／～のではないか（と思う）〈委婉的主张〉 ② Vて／Vないで〈伴随状态〉 ③ でも〈极端的情况〉 ④ ～たら〈条件〉 ⑤ ～し～（し）〈并列〉 ⑥ 动词、形容词的条件形 ⑦ 日语简体会话的特点(2)	(1) 运用「～んじゃない（の)か／～のではないか（と思う）〈委婉的主张〉」委婉地表达意见与观点。 (2) 理解日语简体表达。

第4課　環境問題

ユニット3

语言知识点	学习重点
① 〜のに〈转折〉	(1) 运用「〜のに〈转折〉」表达意外和不满。
② Vていられない〈状态难以持续〉	(2) 运用「Vていられない〈状态难以持续〉」描述感受。

2. 语言能力拓展

搜集资料，了解并梳理经济发展中的环境保护问题及两者之间的关系。例如，中国与日本以及其他国家在经济发展中遇到的环境保护问题等。

三、语言知识拓展

（一）词汇

真-

「真-」是前缀，经常接在表示方位的名词或是表示颜色、季节的名词前面，表示"很……，非常……；正……；"。需要注意，不是所有的方位词或表示颜色、季节的名词前都可以添加「真-」，且有时候读音会发生变音（如「真っ白」「真ん中」等）。

「真-」+方位名词	「真-」+颜色名词	「真-」+季节名词
まうえ 真上	ま しろ 真っ白	まなつ 真夏
ました 真下	ま 真っ	まふゆ 真冬
ま なか 真ん中	ま さお 真っ青	
	ま か 真っ赤	
	ま くら 真っ暗	
	ま きいろ 真っ黄色	

（二）语法

1. Nとして〈性质、资格〉（→ 条目1）

除教材中举出的例句外，「として」还可以以「としては」的形式接在人称代词或表人名词的后面，表示个人的立场、观点。该用法初学者不易掌握。

(1)私としてはこの結果に大変満足してます。
　　(2)大学の４年間は、自分としてはまじめに勉強したと思います。
　　(3)本人としては、たぶん冗談で言ったかもしれません。

2. Nに対して／Nに対する〈対象〉（→ 条目2）

　　「～に対して」和「～にとって」在汉语中都可译为"对（于）……"，学生容易混淆。
　　(1)この問題は一年生｛×に対して　○にとって｝難しい。
　　「～にとって」相当于汉语的"对……来说"，表示的是对重要性、难易度等进行评价的角度、立场，后面的谓语一般为「大切だ／重要だ／難しい」「簡単な問題」「大事なこと」等含有评价意义的表达方式。
　　(2)私にとって、日本語の勉強は楽しみの一つです。
　　(3)現代人にとって、スマホはなくてはならないものだ。
　　「～に対して」表示的是感情、态度、动作等指向的对象。
　　(4)あの人は部下に対して厳しい。
　　(5)先生は学生の質問に対して答える。
　　(6)田中さんは中国文化に対して興味がある。

3. Vてみる〈尝试性的动作〉（→ 条目3）

　　a. 该句式表示尝试做某事，仅用于肯定形式，没有否定形式（「Vてみないか」可表达建议、邀请）。
　　(1)ちょっと考えてみます。
　　(2)×ちょっと考えてみません。
　　b. 与单独使用动词V相比，「Vてみる」的表达更为客气、克制，所以在口语中显得更为委婉、礼貌。可比较：
　　(3)ちょっと考えませんか。
　　　　ちょっと考えてみませんか。
　　(4)すみません、ちょっと着てもいいですか。
　　　　すみません、ちょっと着てみてもいいですか。
　　c. 「Vてみる」中的「みる」为补助动词，不写成「Vて見る」。可结合目前已学习过的句式展开练习，如：
　　(5)挑戦して｛みましょう／みませんか／みたい／みてください／みてよかった／みたほうがいいよ／みないとわからない｝。

4.～ても〈让步条件〉（→▨条目6）

学习此句式时，可结合第2课第1单元学习过的「～と」的句式开展练习。如：

(1)電気をつけると、明るくなります。
　　→電気をつけても、明るくなりません。
(2)お金を入れてボタンを押すと、飲み物が出ます。
　　→お金を入れてボタンを押しても、飲み物が出ません。
(3)9月になると、涼しくなります。
　　→9月になっても、涼しくなりません。

1.Ｖて／Ｖないで〈伴随状态〉（→▨条目2）

在第2课第3单元学习过「Ｖないで」表示动作的否定的用法，可先进行复习，再引入新用法。

此处需着重强调「Ｖないで」表示伴随状态的用法，学生往往误用为「Ｖなくて」。注意其与第3课第2单元学习过的表示原因的动词第二连用形「Ｖて／Ｖなくて」的区别。

(1)スマホを｛○持たないで　×持たなくて｝外出する。
(2)両親から返事が｛○来なくて　×来ないで｝、心配です。

2.～たら〈条件〉（→▨条目4）

　　a.此课学习的「～たら」与第3课第2单元学习的「Ｖたら」（句末为「～た」）的用法不同，句末一般表示说话人的愿望、要求、命令、意图等（注意与「～と」的区分）。

该用法包括假定条件和确定条件两种。
(a)假定条件（不确定是否发生，假设发生的情况下……）
(1)雨だったら出かけません。
(2)宇宙人に会ったらどうしますか。
(3)お金持ちになったら、まず何をしたいですか。
(b)确定条件（已确定会发生，在这种情况下……）
(4)北京に来たら、連絡してください。
(5)帰ってきたら、一緒に映画を見ましょう。
(6)授業が終わったら、何を食べようかな。

b. 从句中的主语，需用「が」。

（7）授業｛○が　×は｝終わったら、何を食べようかな。

（8）王さん｛○が　×は｝来たら、始めましょう。

c. 总结掌握以下「〜たら」的基本特征：

① 口语中使用，不用于论文等书面语中。

② 用于表达一次性的、特定的事项，而不是常理、规律。

③ 前后两句表达的事项，在时间上为先后关系。

④ 句末可表示说话人的愿望、要求、命令、意图等。句末为「〜た」形时，表示偶然性事件、发现等。

3. 动词、形容词的条件形（→条目6）

a. 动词、形容词条件形的变形是学习中的难点，不能熟练掌握的话往往会影响到今后所有与「〜ば」相关句式的学习。尤其否定形的条件形需反复练习。

b. 掌握以下「〜ば」的基本用法：

① 表示恒常性规律、一般性常识（句末为词典形），书面语中使用较多。

（1）春になれば暖かくなる。

（2）この薬を飲めば治る。

（3）たくさん練習すれば、上手になる。

表示一般性常识、规律时，也可以使用「と」（第2课学习过），但二者强调的重点不同：「ば」强调的是前句，即要使后句成立，需要怎样的条件；「と」强调的是后句，即前句成立的情况下，会有怎样的结果。

（4）どうすれば部屋が明るくなりますか。

　　→電気をつければ部屋が明るくなります。

（5）電気をつけると、どうなりますか。

　　→電気をつけると部屋が明るくなります。

② 表示反复发生的事项、习惯等（句末为词典形或「た」形）。

（6）暇ならば、映画を見に行く。

③ 前句表示状态，或前后句主体不同时，句末可使用愿望、要求、命令、意图等表达方式。

（7）お金があれば、旅行に行きたいです。

（8）あなたが行けば、私も行きます。

注意前后两句为同一主体的动作时，句末不能使用愿望、要求、命令、意图等表达方式。

(9)日本に行けば、いろいろな経験を{×してみたい／×してください／×してみましょう／×してみませんか／×してもいいですよ／×しなければなりません}。

(10)王さんに{×会えば　○会ったら}、この本を渡してください。

c. 从句中的主语，需用「が」。

(11)品物{○が　×は}よくなければ、買わない。

3

1.〜のに〈转折〉（→ 条目1）

「〜のに」与第1单元学习的「〜ても」都表达转折的意义，但「〜のに」含有说话人不满、责备、意外的语气。此外，「〜のに」表示的是既成事实，后句不能使用判断、命令（禁止的表达方式除外）、愿望、意图等表达方式；「〜ても」大多表示假定事项，后句叙述说话人的判断、命令、愿望、意图等。

(1)忙しいのに、ちゃんと食事を{×とってください／×とりましょう／×とりたい}。

(2)忙しくても、ちゃんと食事を{○とってください／○とりましょう／○とりたい}。

四、学习手册答案

Ⅰ. 文字、词汇、语法

1. (1)みどり　(2)もじ　(3)わだい　(4)すなあらし
   (5)さばく　(6)おんだんか　(7)お　(8)ぞんじ
   (9)おそ　(10)つと

2. (1)奇跡　(2)交通　(3)減少　(4)面積　(5)汚
   (6)閉、開　(7)配慮　(8)傾向　(9)夢　(10)輝

3. (1) c　(2) d　(3) a　(4) d　(5) c
   (6) b　(7) c　(8) d　(9) d　(10) a

4. (1)のに(けど)　(2)に(は)　(3)への　(4)でも　(5)に(へ)
   (6)に(と)　(7)に　(8)に(で)　(9)が(の)　(10)でも

5. 回答例
　　(1) 花見に行きます
　　(2) よくわかりません
　　(3) 旅行ができません
　　(4) 買います
　　(5) 歳をとった人でもできます
　　(6) 友達は来ませんでした
　　(7) 絶対にエレベーターを使わないでください
　　(8) 成績が上がります
　　(9) フランス語を勉強しています
　　(10) 情報交換／情報収集が速くなった

6. (1) c　　(2) d　　(3) d　　(4) a　　(5) c
　　(6) b　　(7) b　　(8) d　　(9) c　　(10) c

7. (1) b　　(2) b　　(3) d　　(4) c

8. (1) a　　(2) b　　(3) b　　(4) d　　(5) c
　　(6) c　　(7) a　　(8) b　　(9) c　　(10) b

Ⅱ. 听力

1. (1) d　　(2) b　　(3) b

2. (1) c　　(2) b　　(3) d　　(4) e　　(5) a

3. (1) b　　(2) c　　(3) a　　(4) a　　(5) b

Ⅲ. 阅读

(1) a　　(2) a

五、学习手册听力录音

实力挑战

　　環境の話題になるとよく出てくる「エコ」という言葉ですが、「環境にいい」という意味です。

　　エコな生活をするために、私たちはいろいろなことができます。例えば、食堂で食べられる量だけを注文し、残さないで食べる。つまり、ゴミを出さないようにすること。また、物を大事にするのもエコにつながると思います。

　　日常生活の中で、エコのために、気をつけていることがありますか。5分以内に3つ書いてください。

自我检测

1. 録音を聞いて、a～dの中から正しい答えを1つ選びなさい。

　(1) 質問：今から何をしますか。

　　　A：今日はずいぶん早いですね。
　　　B：昨日は疲れていたから宿題をしないで寝ました。だから、今日は朝ごはんを食べずに、起きてすぐ教室に来ました。
　　　A：ああ、今から宿題ですか。
　　　B：あっ、急がなきゃ。
　　　質問：今から何をしますか。
　　　a. 朝ご飯を食べます。
　　　b. 学校に行きます。
　　　c. 寝ます。
　　　d. 宿題をします。

　(2) 質問：どうしてあまり食べないんですか。

　　　A：あれ、あまり食べていませんね。具合でも悪いんですか。
　　　B：いいえ、実はダイエットをしているんです。
　　　A：ダイエット？
　　　B：「ダイエット」は食事を減らしたり、運動をしたりして痩せるという意味ですよ。
　　　A：そうなんですか。でも、体に気をつけてくださいね。
　　　質問：どうしてあまり食べないんですか。
　　　a. 食欲がないからです。
　　　b. 痩せたいからです。

c．具合が悪いからです。
　　　d．食事のあと運動をしたいからです。
　(3)質問：男の人はどうしましたか。
　　　男：あー、喉も痛いし、頭も痛い。風邪かな。
　　　女：ひどくならないうちに、休んだほうがいいですよ。
　　　男：そうですね。じゃあ、今日はお先に失礼します。
　　　女：お大事に。
　　　質問：男の人はどうしましたか。
　　　a．仕事を休みました。
　　　b．仕事の途中で帰りました。
　　　c．仕事に行きませんでした。
　　　d．仕事の途中で寝ました。

2．録音を聞いて、内容と関係のあるものを選びなさい。
　(1)急げば間に合います。
　(2)わからなければ質問してください。
　(3)メガネをかければ見えます。
　(4)予約をしなければ泊まれません。
　(5)砂糖を入れなければ飲めません。

3．問題文を聞いて、最も正しい返答を、a～cの中から一つ選びなさい。
　(1) A：お茶、飲む？
　　　B：（　　　）
　　　a．ええ、大丈夫です。
　　　b．ありがとう、いただくわ。
　　　c．まず、お茶をどうぞ。
　(2) A：コンサートへはどうやって行くの？
　　　B：（　　　）
　　　a．あの歌手が好きだから。
　　　b．来週の日曜日だね。
　　　c．地下鉄で。
　(3) A：間違い電話をかけたらどうすればいいの。
　　　B：（　　　）

a.謝るしかないでしょう。

　　　b.お電話ありがとうございました。

　　　c.あ、間違えました。ごめんなさい。

　(4) A：あの店、どうだった？

　　　B：(　　　　　)

　　　a.おもしろかったよ。

　　　b.そうしようか。

　　　c.マフラーしないと。

　(5) A：生活費は1ヶ月、いくらぐらい必要なの。

　　　B：(　　　　　)

　　　a.28日じゃないの？

　　　b.2000元ぐらいかな。

　　　c.300人ぐらいじゃないの？

六、课文翻译

ユニット1　日本的沙尘暴报道

（在东京高桥家，全家人正在看电视里的特别报道）

电视主持人：晚上好，这里是"聚焦世界"。当前，世界各地都出现了沙漠化问题。在我们的邻邦中国，从早前就对这一严峻问题采取了措施。我们来分析一下近年来中国政府针对这一问题所实施的积极政策。

弟弟：哇，北京的天空，好黄啊！

母亲：中国的什么地方？

弟弟：现在的画面是内蒙古。

母亲：离北京不远吧，为什么会有沙尘呢？

父亲：沙漠或高原地区一刮大风，在植物长起来之前就容易发生沙尘暴。

弟弟：哦……

主持人：像这样，中国开展了大规模的植树造林活动，努力恢复草原和森林。由于采取了这些措施，已显现出了效果，近年来观测到沙尘的天数呈减少趋势。

有研究人员认为沙尘暴和地球变暖有关。在地球环境大幅变化的今天，不能仅凭一国之力，国际协作十分必要。对此，……

母亲：美穗不要紧吧。给她打个电话吧，跟她说沙尘暴期间，就算有事也尽量别

出去。

父亲：好啊。

弟弟：等一下，现在播出的好像是很久以前的画面。

父亲：是吗？

母亲：但我还是挺担心美穂的，咱们打个电话吧。

2 家人的电话

（家人很担心，要与高桥视频通话）

高桥：啊，妈妈，怎么突然打电话来？大家都好吗？

母亲：我们大家都好。先不说我们这儿了，北京那边怎么样？刚才看了电视里沙尘暴的节目，很担心，才给你打电话的。

高桥：沙尘？

母亲：北京的沙尘不是很严重吗？

高桥：没有啊，我来北京之后一次都没遇上过。

母亲：是吗？电视上播出了戴着墨镜、围着围巾出门的人。

高桥：那是很早以前的视频了吧。

母亲：那就好。

高桥：偶尔也会遇上晴天但却雾蒙蒙的天。

母亲：不戴口罩可别出去。

高桥：嗯，我好好戴呢，别担心。而且从外面回来我还漱口呢。

母亲：真的？

高桥：有困难的话，我会问朋友的，没问题的！

母亲：是吗？但还是要注意啊。有什么需要的，告诉我，我寄给你。

高桥：谢谢。

母亲：那以后再打电话，多保重。

高桥：嗯。谢谢给我打电话，问大家好。

3 绿色奇迹——塞罕坝（投给《遣唐使》的稿件）

从去年8月起我在北京留学，进修汉语。现在已经完全适应了这里的生活。上周参加了遣唐使会的活动，游览了河北省的塞罕坝国家森林公园。

塞罕坝国家森林公园是中国华北地区最大的森林公园，公园总面积为140万亩，

其中110万亩为森林，其余的20万亩为草原。空气特别清新，我不禁深吸了几口气。

实际上直到几十年前塞罕坝还都是沙漠。由于沙漠没有植被，一刮风就会掀起沙尘暴，曾几度侵袭过北京。我听说沙尘问题曾经很严重，例如"沙尘一来，明明是晴天却看不见太阳""大风一吹，睁不开眼睛""房间的门窗明明关着，却不知从哪儿吹进了沙子"等。

我来北京之后没有遇到过沙尘天气。从西北地区延伸而来的造林工程筑起了一道绿色长城，守护着北京不受沙尘侵袭。凭借人们的坚强意志和努力，沙漠变成了森林。

奥运会于2021年夏季在东京、残奥会于2022年冬季在北京成功举办。我们不仅倡导体育精神，同时也提倡关注环境以及可持续发展，这已成为体育盛会的理念，再一次为世界人民思考环境问题创造了契机。

美丽的蓝色地球，守护地球是人类共同的课题。我们作为生存于地球上的一员必须常为地球的环境考虑。

第5課　遠　足

一、教学目标

1. 能够用得体的表达方式与上级、长辈谈话。
2. 能够得体地向上级、长辈发出邀请、提出请求。
3. 能够提出建议。
4. 能够通过比喻、举例，描述对某个事物的印象。
5. 学会制订计划、规划时间。

二、语言知识点、学习重点及语言能力拓展

1. 语言知识点及学习重点

ユニット1

语言知识点	学习重点
① 敬语（1） ② ～場合は〈假设〉 ③ って〈引用〉 ④ ～と言っていた〈转述〉 ⑤ Vたらどうですか〈建议〉 ⑥ Nから〈动作主体、顺序起点〉	(1) 运用敬语（1）表示尊敬或自谦。 (2) 运用「って〈引用〉」「～と言っていた〈转述〉」进行引用、转述。 (3) 运用「Vたらどうですか〈建议〉」提出建议。

ユニット2

语言知识点	学习重点
① 敬语（2） ② ～くらい〈程度〉 ③ Vてくださいませんか〈客气地请求〉 ④ Vてしまった〈消极的结果〉	运用「Vてくださいませんか〈客气地请求〉」，表示客气的邀请、请求。

第 5 課　遠　足

👨‍🏫 ユニット 3

语言知识点	学习重点
① Nのようだ〈比喻、示例〉 ② ～そうだ〈征兆、推测〉 ③ Vております〈自谦〉	(1) 理解「Nのようだ〈比喻、示例〉」「～そうだ〈征兆、推测〉」，并能够运用。 (2) 运用「Vております〈自谦〉」，表示自谦、得体。

2. 语言能力拓展

(1) 讨论：合理规划时间。

(2) 学习日文书信写作规范。

三、语言知识拓展

（一）词汇

澄んだ青空

在日语中，有一部分动词具有形容词意义，其在句中除了用「～ている」的形式，还多用「～た」的形式做连体修饰。要提醒学生，根据上下句的意思准确判断该词所表达的含义，不能机械地理解为时间表达"正在……"或"已经……"。这样的动词除了本课中出现的「澄む」，常见的还有如下一些。

(1) 曲がった小道
(2) 尖った塔の先
(3) 優れた成績
(4) 困った表情
(5) 離れたところ
(6) 疲れた顔

（二）语法

ユニット 1

1. 敬语(1)（→ 条目1）

　　a. 敬语分为尊他语、自谦语、郑重语和美化语，这四种类型的关系请见下图：

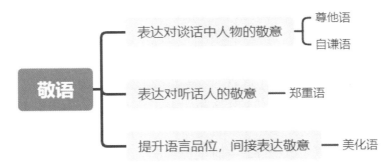

郑重语包括「おる」「参る」等形式。如：

(1)いま、自宅におります。

(2)先週、東京へ参りました。

b. 所谓的敬体「です」「ます」也是表达说话人的敬意，有学者将它与郑重语归为一类。以下面的例子区分"对谈话中人物的敬意"和"对听话人的敬意"。

(3)（古屋老师对小王说）遠藤先生は、いま研究室にいらっしゃるよ。

「いらっしゃる」是尊他语，表达了古屋老师对远藤老师的敬意；而他无需对学生小王表达敬意，所以使用了轻松随意的简体形式。

c. 敬语是语法学习中的难点，尤其是动词，尊他语、自谦语的构成比较复杂，建议补充一些练习巩固学习效果。

2. Nから〈动作主体、顺序起点〉（→条目6）

格助词「から」的基本意义是表示"起点"，这个用法可以派生出表示动作顺序的用法，当谓语是表示信息传达、物体传递等意义的动词时，「から」还可以用来表示信息、物体等的出处，即传递类动作的主体。

(1)そのことを私から教えてあげましょう。

(2)私から写真を送りましょう。

「から」的意义丰富，第一册中学过表示起点、材料、原因的用法，可以进行阶段性复习。

ユニット2

1. 敬语(2)（→条目1）

形容词的敬语通常只有尊他语的形式，在表示人物状态的形容词前加「お」「ご」。常见的词例如下：

◇ お+形容词：おいそがしい、お元気、お暇、お美しい、お寂しい、お早い等；

◇ ご+形容词：ご多忙、ご心配、ご不満、ご満足等。

2. Vてしまった〈消极的结果〉（→条目4）

学习此句式时，需要注意以下两点：一是接续形式，教师可带领学生结合以往学过的动词，做一些扩展练习；二是要注意句式表达的语气，带有说话人对已发生事态的后悔或抱憾的语气。此句式多用于非自主动词，即不受动作主体意志控制的动作，如「忘れる、死ぬ、遅刻する」等，有时也可用于自主动词，此时多为动作主体无意识地进行的动作。如：

妹のケーキを食べてしまった。

3

1. 判断词（→ 条目1，2）

　　a.「ようだ」「そうだ」以及第8课将要学到的「らしい」是一种虚词，以往的学校语法体系称之为"助动词"，本书则将其与「だ」「です」一起，归为"判断词"。

　　b. 在讲授「ようだ」「そうだ」时要注意强调，即便同一种形式，接续形式不同时会表示不同的语法意义，实现不同的功能。例如「ようだ」表示比喻、示例时通常只接名词，在表推测意义（第9课学习）时，可以接名词、动词或形容词。而「そうだ」也有表示"征兆、推测"和"间接引语"（第6课学习）两个用法，前者接动词连用形或形容词的词干；后者接续动词、形容词的终止形。教学中可通过大量的练习，引导学生关注接续形式及意义。

　　c.「そうだ」表示推测时，通常表示说话人根据自身的经验对外观印象的推测，伴有一定的认知思维过程。如果某事物特征体现的属性非常明显，很容易就判断时，一般不用「そうだ」。例如：

　　　(1)×山田さんは背が高そうだ。

　　　　→山田さんは背が高い。（对于山田的身高，直接做出判断）

　　　(2)このスマホは高そうだ。（看到功能丰富、外观时尚的手机，推测价格高）

2. Vております〈自谦〉（→ 条目3）

　　「Vております」是「Vています」的自谦语，多用于书面、正式的场合。「おります」除了自谦之外，还有郑重语的用法。如：

　　　(1)こちらの商品は、2割引となっております。

四、学习手册答案

实力挑战

　　みなさん、明けましておめでとうございます。

　　今日はここにいらっしゃるみなさんと一緒に新年を迎えることができて、たいへんうれしく思います。

　　本日は、中国各地の伝統料理をご用意しました。いっしょにギョーザを作る準備もできています。中国式の新年パーティーをお楽しみいただければと思います。どうぞたくさん食べて、飲んで、楽しんでください。

自我检测

Ⅰ.文字、词汇、语法

1. (1)なや　　(2)かたち　　(3)あおぞら　　(4)ゆうしょう　　(5)わかもの
   (6)したしい　(7)なが　　(8)すす　　　　(9)みがる　　　　(10)た

2. (1) c　　(2) d　　(3) b　　(4) c　　(5) d
   (6) a　　(7) c　　(8) b　　(9) d　　(10) a

3. (1)のは　　(2)に(へ)　(3)を(も)　(4)なら　　(5)で
   (6)への　　(7)より　　(8)か　　　(9)って(のを)　(10)に

4. (1) a　　(2) b　　(3) d　　(4) b　　(5) d　　(6) a　　(7) b　　(8) c
   (9) a　　(10) c　　(11) a　　(12) c　　(13) b　　(14) b　　(15) c　　(16) d

5. 回答例
   (1)先生、もう一度説明してくださいませんか。
   (2)作文の間違いを直してくださいませんか。
   (3)自転車を貸してくださいませんか。
   (4)北京大学へはどのように行ったらよいか教えてくださいませんか。
   (5)パーティーの準備を手伝ってくださいませんか。
   (6)すみません、上の荷物を取ってくださいませんか。
   (7)すみません、写真を撮ってくださいませんか。

6. (1) b　　(2) c　　(3) b

7. (1) a　　(2) c　　(3) c　　(4) d　　(5) d
   (6) b　　(7) c　　(8) b　　(9) b　　(10) a

Ⅱ.听力

1. (1) c　　(2) c　　(3) b　　(4) c　　(5) d　　(6) a

2. (1) b　　(2) c　　(3) a　　(4) d

第5課 遠足

Ⅲ.阅读
（ア）c　　（イ）c　　（ウ）b

五、学习手册听力录音
实力挑战
各位新年好！我给大家拜年了。

今天能够和在座的各位同学一起迎接新年的到来，我感到非常高兴。

今天我们为大家准备了中国各地的传统菜肴，一会儿我们大家一起包饺子。请大家享受中国式的新年联欢会。请大家吃好玩儿好！

自我检测
1.録音を聞いて、a～dの中から正しいものを一つ選びなさい。
　（1）質問：忘年会はいつありそうですか。
　　　A：いま、忘年会を計画しているんですが。
　　　B：そうですか。
　　　A：先生にもぜひ出席していただきたいので、来週のご予定を教えてください。
　　　B：来週は、水曜日と木曜日以外ならいつでもいいですよ。
　　　A：わかりました。時間が決まりましたら、またご連絡いたします。
　　　質問：忘年会はいつありそうですか。
　　　a．水曜日と木曜日です。
　　　b．水曜日か木曜日です。
　　　c．水曜日と木曜日以外の日です。
　　　d．水曜日です。
　（2）質問：昼休みになったら家に帰って何をしますか。
　　　A：朝、急いでいたので、鍵をかけないで来てしまったかもしれません。
　　　B：心配なら昼休みに帰って見てきたらどうですか。王さんの家は会社から近いし。
　　　A：そうですね。そうします。
　　　質問：昼休みになったら家に帰って何をしますか。
　　　a．鍵を持ってきます。
　　　b．鍵をかけます。

c．鍵がかかっているか確認します。
　　　d．鍵をあけます
(3) 質問：雨が少しだけ降っているとき、陳さんはどのようにして学校へ来ますか。
　　A：陳さんはいつも自転車で学校に来てるんですか。
　　B：はい。
　　A：雨の日はどうするんですか。
　　B：少しの雨なら自転車で、たくさん降っている場合はバスで来ます。
　　質問：雨が少しだけ降っているとき、陳さんはどのようにして学校に来ますか。
　　　a．歩いて来ます。
　　　b．自転車で来ます。
　　　c．タクシーで来ます。
　　　d．バスで来ます。
(4) 質問：映画はどうでしたか。
　　A：『地球人』という映画をご存じですか。
　　B：いいえ。王さんは見たんですか。
　　A：ええ、きのう見てきました。
　　B：どうでしたか。
　　A：何度でも見たくなるくらいとってもおもしろかったです。先生もぜひごらんになってください。
　　質問：映画はどうでしたか。
　　　a．とてもおもしろいので何度も見ました。
　　　b．あまりおもしろくありませんでした。
　　　c．とてもおもしろかったです。
　　　d．先生はおもしろいと言っています。
(5) 質問：男の人は何と言っていますか。
　　A：もしもし、すみません、今日のパーティーには行けそうもありません。今日中に終わらせなければならない仕事がまだたくさんあって……。
　　B：そうですか。残念ですね。体を悪くしないように気をつけてください。
　　A：ありがとうございます。じゃあ、また。
　　質問：男の人は何と言っていますか。
　　　a．今日は、パーティーがありません。
　　　b．体の調子がわるいので、パーティーに行けません。
　　　c．今日は仕事があるので、パーティーはありません。

第5課　遠足

d．今日は仕事をするので、パーティーに行けません。
(6)質問：様々な知識を身につけるには何をしたらいいですか。
　　A：先生、将来、通訳になりたいと思っているのですが、どんな勉強をしたらいいでしょうか。
　　B：まず、日本語の勉強をすること、それから、様々な分野の知識を身につけることも大切です。
　　A：どうしたらいろいろな知識が身につきますか。
　　B：ニュースや新聞をよく見たらいいと思います。
　　A：そうですか。頑張ります！
　　B：頑張ってください！
　　質問：様々な知識を身につけるには何をしたらいいですか。
　　a．ニュースや新聞をよく見ます。
　　b．人とたくさん話します。
　　c．通訳になります。
　　d．一生懸命勉強します。

2. 録音を聞いて、関連のある絵をa～dの中から1つ選びなさい。
(1) A：うわあ、すごい。これ全部王さんが作ったの？
　　B：ええ、たくさん召し上がってください。
　　A：いただきます。
(2) A：先生、重そうですね。私がお持ちします。
　　B：ありがとう。でもそんなに重くないから大丈夫。
(3) A：たくさんの人が待ってますね。
　　B：ええ、きっとおいしいんでしょう。
　　C：いらっしゃいませ。こちらをご覧になってお待ちください。
　　A：わー、ずいぶん、高いんですね。
　　B：別のところへ行きましょうか。
　　A：そうしましょう。
(4) A：先生がお撮りになったんですか。
　　B：うん、もう5年も前になるかな。学生と遠足に行ったときに。
　　A：ちょっと見せてくださいませんか。
　　B：どうぞ。

六、课文翻译

1　郊游计划

（在校园）

王　　：远藤老师，这次我们日语专业的同学打算去香山公园郊游，方便的话您也去吧？

远藤：香山公园？好啊，什么时候？

王　　：我们想在您时间方便的时候去。您看什么时间合适？

远藤：嗯，如果是下周应该没问题。

王　　：下周什么时间合适？

远藤：嗯，郊游如果是一整天的话那就周六，如果半天的话就周日比较好。

王　　：那就定在周六吧。对了，高桥和渡边也说要去……

远藤：那太好了。王宇翔，机会难得，邀请日本的汉语进修生一起去怎么样。大家一起去既有意思，又能说日语。

王　　：是啊，那我去邀请高桥。嗯，古屋老师呢？

远藤：今天没来。

王　　：是吗。嗯，我们也想邀请古屋老师……

远藤：好啊，那我去问问他的时间。

王　　：好的，那就拜托您了。

2　郊游当日

（郊游当天，在香山公园）

王　　：老师，您走得可真快。

远藤：是吗？一直是这样。实际上我小时候很喜欢体育运动，甚至想过要当运动员。

王　　：是吗？那，老师，您能说说选择日语教师这条道路的原因吗？

远藤：原因吗？上大学的时候，我和一位中国留学生成了好朋友。通过她认识了很多中国人，觉得很有意思。我想找到自己可以做的事，有一天能生活在中国，于是就成了日语教师。

王　　：是这样啊。

远藤：王宇翔，你小的时候，想干什么？

王　　：啊？我吗？小时候想当医生，现在想从事与国际有关的什么工作。

远藤：是吗。那，为什么学日语？

王　　：哦，因为我觉得以后中国和日本的关系会越来越重要。

远藤：是的。

王　　：如果可能的话，我想去日本留学，亲自看看日本的社会和文化，体验一下。老师，您不累吗？我帮您拿东西吧。

远藤：谢谢！啊，王宇翔，你的东西很少啊。你的盒饭呢？

王　　：啊！糟了！忘带了。

3 （给老师的）感谢信

远藤老师：

　　前几天的郊游，托您的福，大家都玩得很高兴。另外您还把盒饭分给我，谢谢您。

　　从香山顶上看到的景色，简直像画一样。我来北京已经快两年了，很久没有见到那么晴朗的天空了。一边望着美景一边和大家一起吃饭，感觉真是很好。当时照的照片已做成了相册，您看一看吧。大家看上去都很高兴。（我看上去好像有点难受吧，那是因为盒饭太好吃了，我吃多了。）我想以后一定还要创造这样的机会。

　　在日语课上我也总是受到您的关照，非常感谢。今后还要请您多关照。

王宇翔
4月20日

第6課　宝くじ

一、教学目标

1. 能够谈论假设的事情。
2. 能够向他人转述听到的事情。
3. 能够表达目的。
4. 树立正确的金钱观念。

二、语言知识点、学习重点及语言能力拓展

1. 语言知识点及学习重点

ユニット1

语言知识点	学习重点
① ～そうだ〈間接引語〉 ② ～なんて〈主題〉	(1) 运用「～そうだ〈間接引語〉」进行转述。

ユニット2

语言知识点	学习重点
① Vるために／Nのために〈目的〉 ② （どんなに／いくら）～ても〈转折性的条件〉 ③ どんなに～だろう〈感叹〉 ④ Vるように〈目的〉 ⑤ ～すぎる〈过度〉 ⑥ ～ために〈原因〉	(1) 理解「Vるために／Nのために〈目的〉」与「～ために〈原因〉」的意义，辨析其不同用法。 (2) 运用「どんなに～でしょう〈感叹〉」表达感叹。 (3) 运用「Vるように〈目的〉」表达目的。

第6課　宝くじ

ユニット3

语言知识点	学习重点
① Nを対象に（して）〈动作对象〉 ② Nを中心に（して）〈核心〉 ③ ～と考えられる／思われる〈自发〉	（1）理解「Nを対象に（して）〈対象〉」与「Nを中心に（して）〈核心〉」的意义，辨析其不同的用法。 （2）理解「～と考えられる／思われる〈自发〉」的意义。

2. 语言能力拓展
（1）搜集资料，了解并梳理中国大学生、日本以及其他国家大学生的金钱观。
（2）进行问卷调查，并用日语撰写调查报告。

三、语言知识拓展

（一）词汇

読み取れる

「読み取れる」是「読み取る」的可能形式，日语中部分表达感情、思考、理解等意义的动词的能动态，如「読める」「泣ける」「笑える」「思える」等，可以用于表示该感情、思考等自然而然发生，与动作主体的意图无关。例如：
(1)この記事の見出しを見て、一瞬、全く逆の意味に読み取れてしまった。
(2)日本語の中には、最も奇妙に思えているところは何ですか。

（二）语法

1. ～そうだ〈間接引語〉（→ 条目1）

　　a. 初学者容易将表示间接引语的「そうだ」和上一课学过的表示征兆预测的「そうだ」混淆，注意引导学生区分二者的意义和接续。
　　b. 作为表示间接引语的「～そうだ」，当要提及信息时，除了课本上提到的「Nによると」，常见的还有「Nでは」，例如：
　　(1)先輩の話では、この授業はとても面白いそうです。
　　c. 在向听话人重复、确认该人曾说过的话时，不能使用间接引语「そうだ」，而只能使用直接引语「と言う」。例如小李说"下午的课停课"，向小李确认时，应该采用下面(2)b的说法。
　　(2)a.×午後の授業は休みだそうですね。本当ですか？
　　　　b．午後の授業は休みと言っていましたね。本当ですか？

ユニット2

1. 表示目的的句型（→ 📖 条目1，4）

「ために」「ように」都可以表示动作的目的，二者的使用区别主要有如下几点：

（一）接续方式不完全相同：除前接动词之外，「ために」还可以接名词，而「ように」则不可。

(1) a. 家族のために、朝から晩まで働く。
　　b. ×家族のように、朝から晩まで働く。

（二）前项事态的意志性不同：「ために」通常接意志性的事态，多为自主动词；而「ように」通常前接非意志性的事态，例如可能动词、动词的可能态等。

(2) a. 留学するために貯金している。
　　b. 留学できるように貯金している。

（三）对于前后项主体的要求不同：「ために」的前后项需要是同一主体，而「ように」则无这一限制。

(3) a. ×息子が留学するために（私は）貯金している。
　　b. 息子が留学できるように（私は）貯金している。

2. ～すぎる〈过度〉（→ 📖 条目5）

「すぎる」是后缀，接在动词第一连用形和形容词的词干之后。初学者常常对接续形式掌握不好，尤其是接Ⅰ类形容词时，产出「×難しい過ぎる」「×高い過ぎる」等形式，需要关注并及时予以纠正。

3. ～ために〈原因〉（→ 📖 条目6）

本课学习了「ため」表示目的和原因的两种用法，注意区分。表示目的时，一般只能接动词「Vる」的形式，而表示原因时，可以有「Vた」「Vない」等形式，还可以接形容词。

(1) 電車が遅れたため遅刻してしまいました。
(2) 電車に間に合わなかったため遅刻してしまいました。
(3) 出発が遅かったため遅刻してしまいました。

ユニット 3

1. 表示"以A为B"意义的句型（→ 📖 条目1，2）

「AをBにする」表示把A当作B的意思，由此派生出「AをBに（して）」的形式，在句中做连体修饰语，后接动词。B通常是语义较为抽象的名词，如「对象、中心、目的、きっかけ、契機」等。「AをBに（して）」能产性很强，尤其是书面语中这个结构很常见。

四、学习手册答案

自我检测

Ⅰ.文字、词汇、语法

1. (1) あ　　　　　(2) かんしん　　(3) こしょう　　(4) たいきん
   (5) ほんまつてんとう　(6) しんきゅう　(7) けいさい　　(8) ちょうせん
   (9) うむ　　　　(10) じゆう

2. (1) 確率　(2) 詳細　(3) 迷惑　(4) 日常　(5) 関
   (6) 成長　(7) 友人　(8) 案外　(9) 驚　(10) 複数

3. (1) を　(2) でも　(3) に（と）　(4) に　(5) を
   (6) に　(7) も　(8) に　(9) にも、にも　(10) で（の）

4. (1) 会いたくても（会いたくなっても）　(2) なかっ　(3) 生かす
   (4) 遅れた　　(5) 会える（会う）　　(6) よけれ（よくなけれ）
   (7) 新鮮だっ（新鮮でし）　　(8) ならない

5. (1) b　(2) a　(3) c　(4) d　(5) c
   (6) b　(7) d　(8) d　(9) d　(10) b

6. (1) a　(2) a　(3) b　(4) a　(5) a
   (6) b　(7) d　(8) b　(9) d　(10) b

Ⅱ.听力

1. (1) b　(2) b　(3) d　(4) a　(5) c

2. (1) b　　(2) c　　(3) a　　(4) d

3. (1) b　　(2) a　　(3) b　　(4) c

Ⅲ. 阅读

(1) c　　(2) a

五、学习手册听力录音

实力挑战

Q：なぜこの学科を選びましたか？

A：外国語を聞く、話す、読む、書くという総合的な能力を伸ばしたいと考え、プレゼンテーションやディベート、インターナショナルセミナーなどの講義が充実した国際社会学科を選びました。交換留学や語学研修のプログラムを活用することで国際感覚を養いたいと思ったことも理由の一つです。

Q：現在学んでいることや学科の魅力は？

A：異文化コミュニケーションや国際文化論など、国際社会が抱える問題点や世界中の文化について、多角的な視点と批判的な思考をもとに学ぶ講義が揃っていることが魅力です。私たち自身の文化の常識に疑問を持ち、深く考える貴重な機会となっています。

Q：今、大学生活で楽しいと感じることは？

A：新たな発見ができる瞬間はとても楽しいです。講義はもちろんそうですが、それ以外の場面でも様々な発見がありました。発見するたびに自分の成長を感じられて嬉しいです。

A：また、大学生活の中で人脈が広がったと感じました。同じような夢を持った友人に出会えたり、留学生と交流したりすることで毎日楽しく充実した日々を過ごしています。

Q：将来の目標・夢は？

A：私は将来、テレビ局で働きたいと考えています。テレビ局でアルバイトをしているのですが、普段できないような経験をすることでやりがいを感じ、さらにテレビ業界への関心が高まりました。

第6課　宝くじ

自我检测
1. 録音を聞いて、a〜dの中から正しいものを1つ選びなさい。
 (1) 質問：今何時ですか。
   A：8時の電車に乗りたいんですが。
   B：もう間に合わないでしょうね。どんなに急いでもここから20分はかかります。
   A：そうですか。
   質問：今何時ですか。
   　a．7：20　　　　b．7：45　　　c．8：00　　　d．8：20
 (2) 質問：山田さんは来ますか。
   A：山田さん来ませんね。
   B：遅れそうだったら、電話をするって言ってましたよ。
   A：そうですか。じゃあ、もう少し待ってみましょう。
   B：（電話の呼び出し音）はい、あ、山田さん、はい、わかりました。ではまた。山田さん、きょうは来られないそうです。
   A：そうですか。じゃ、2人で行きましょう。
   質問　山田さんは来ますか。
   　a．あとから来ます。
   　b．来ません。
   　c．もうすぐ来ます。
   　d．まだわかりません。
 (3) 質問：一番後ろの席の人はどんな人ですか。
   A：あの一番後ろの席の人、あまり他の人と話をしないし、恐そうだね。
   B：でも、きのう、辞書を忘れて困っていたら貸してくれたし、やさしい人だよ。
   A：そうなの？
   質問：一番後ろの席の人は、どんな人ですか。
   　a．よく話をする人
   　b．恐い人
   　c．よく忘れ物をする人
   　d．やさしい人
 (4) 質問：どうして授業に行かないのですか。
   A：あれ、授業に行かないんですか。

B：今日は先生が風邪を引いたので、授業が休みになったんです。
　　　A：そうなんですか。最近風邪を引いている人が多いですね。
　　　B：来週から、もっと寒くなるそうです。風邪を引かないように気をつけないといけませんね。
　　質問：どうして授業に行かないのですか。
　　　a．先生が休んだから。
　　　b．風邪を引いている人が多いから。
　　　c．寒くて行きたくないから。
　　　d．風邪を引いたから。
　(5)質問：これから誰が小説を読みますか。
　　　女：あれ、その小説どうしたの？
　　　男：陳さんに借りたんだけど。
　　　女：陳さん、私に貸してくれるって言ってたのに……。
　　　男：そうなの？じゃあ、お先にどうぞ。
　　　女：いいんですか。すみません。
　　質問：これから誰が小説を読みますか。
　　　a．男の人
　　　b．陳さん
　　　c．女の人
　　　d．わかりません

2．問題文を聞いて、関連のある絵を選びなさい。
　(1)A：日曜日、使う予定がなかったら、貸してもらえませんか。
　　　B：いいですよ。
　(2)A：欲しかったら、あげますよ。私はもう読まないので。
　　　B：いいんですか。
　(3)A：今年ももらえたらいいな。でも、もう大学生だからもらえないかな。
　　　B：就職するまでもらえるんじゃないですか。
　(4)A：嫌いだったら他のものに変えますよ。
　　　B：大丈夫です。

3．問題文を聞いて、最も正しい返答を、a～cの中から一つ選びなさい。
　(1)A：大学院の入学試験を受けようと思います。

B：_____。
　　　a．来週行きます。
　　　b．合格できるといいですね。
　　　c．今年ももらえたらいいですね。
(2) A：この調査結果を見ると、みんなお金のためにアルバイトをしているのではないようですね。
　　　B：_____。
　　　a．確かに。
　　　b．なかなかですね。
　　　c．もうすぐですね。
(3) A：あしたは何人集まってくれるでしょうね。
　　　B：_____。
　　　a．ほら。
　　　b．さあ。
　　　c．そうか。
(4) A：これ、とても使いやすいですよ。よかったら、使ってください。
　　　B：_____。
　　　a．はい、使っています。
　　　b．はい、使ってきます。
　　　c．はい、使ってみます。

六、课文翻译

1 关于中奖者

（休息时间）

高桥：李东，你怎么了，有什么担心的事吗？

李　：啊，高桥。是这样，上周考试的成绩不好。因为最近打工比较忙，没怎么学习……

高桥：是吗？

李　：高桥，日本也有彩票吗？

高桥：有啊，可你为什么问这个呢？

李　：要是有了钱不就不用打工了嘛。如果中了奖马上就成为有钱人了。

高桥：是啊，对了，听说上周我一个朋友的哥哥就中了奖。

李　：啊，真的？

高桥：嗯，好像是第一次买彩票就中了一等奖。我那个朋友也很吃惊，说他哥哥运气很好。

李　：第一次买彩票就中了一等奖，真是厉害。对了，一等奖多少钱？

高桥：多少钱我不知道，但应该是很多钱吧。

李　：那么多钱他怎么花啊！

高桥：嗯……

李　：想要的东西什么都能买。

高桥：而且也不用打工。

李　：我也想买一个试试，但恐怕中不了吧。

高桥：中不了也没关系，反正是买一个梦想。

2 本末倒置

（第二天）

李　：高桥，还是昨天那件事。

高桥：哦，彩票的事吧。

李　：是啊。我也想买彩票……

高桥：是吗，要是能中就好了。就不用打工了。

李　：是啊，要是中了一等奖，买什么呢？

高桥：比如说能制作游戏软件的一套很贵的电脑？

李　：再贵也买得起，而且还可以当开软件公司的资金。

高桥：中了奖，当了学生老板，那该多快乐啊。

李　：学生老板，不错嘛。

高桥：但要想中一等奖就得买好多张吧。

李　：中奖率比较低，所以得多买……，对了，要想多买彩票就得多打工。

高桥：可工打得太多成绩不就下降了吗。

李　：啊，也是。为了彩票留级的话，那不就是本末倒置了吗。

高桥：是啊，学生还是学习第一。

李　：确实是。顺便问一下，高桥，明天的课预习了吗？

高桥：啊，还没呢，现在就弄。

第6課　宝くじ

3 《从新生问卷调查谈起》（东西大学学生报）

　　东西大学学生报以700名一年级新生为对象，就大学生活的状况在网上进行了问卷调查（有效问卷600份）。（调查的详细情况刊登在大学报的网页上。）在本次调查中，主要针对（1）每个月的经济状况以及打工经历的有无、（2）在大学生活中认为最重要的事等日常生活方面进行了多项选择的问答。

　　首先来看一下第一个问题。调查对象的70%拥有自己的电脑，20%计划今年假期出国旅行。可以说大家在经济方面并不拮据。但调查对象的75%在打工。针对为何打工这一问题，得到了"为了生活更富裕（45%）""为了买衣服和包等（30%）""为了娱乐和旅游（30%）""为了维持生活（20%）"等回答【表1】。可见一年级学生的多数是为了生活更富裕而打工。但也有学生回答"为了社会实践（15%）"，认为打工的经历有利于自身的成长。

表1　打工的目的

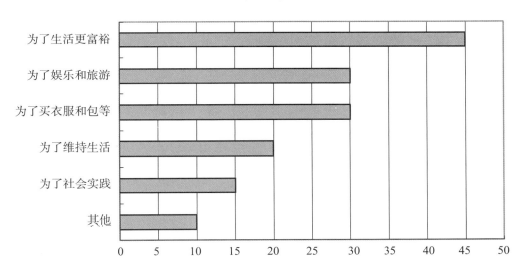

　　其次是第二个问题。回答"学习第一（27%）"的人最多，其后依次是"相差无几（22%）""人际关系第一（20%）""社团活动第一（15%）""兴趣爱好第一（13%）"【表2】。大学期间，学习第一是毋容置疑的，但比起社团活动和兴趣爱好来，很多学生对人际关系更为关心，由此可以看出一年级学生十分在意同朋友及身边的人的相处方式。此外，从"相差无几"这一回答可以看出，对各方面的事都想广泛而浅显地涉及一下的人也为数不少。

　　最后，在自由阐述一栏中，有"在大学期间想挑战一下工作之后做不了的事""比起经济上的富裕更重视精神上的满足"等观点。据说有人认为近来日本的大

学生不学习，但从本次调查可以看出，优先考虑学习、关心社会的学生之多出人意料。

（报告人 社会学系三年级 三保健介）

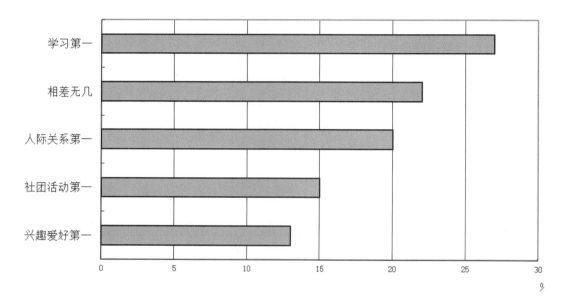

表2　现在什么事最重要

第7課　弁論大会

一、教学目标

1. 能够谈论准备的情况。
2. 能够谈论做出的决定。
3. 能够询问做事的方式、方法或时间、地点。
4. 能够总结语篇素材的要点，写出讲演稿。
5. 了解中国古代连环画的特点，掌握中日连环画的异同。

二、语言知识点、学习重点及语言能力拓展

1. 语言知识点及学习重点

ユニット1

语言知识点	学习重点
① Vることになる〈事态发展的结果〉 ② Vてある〈客体存续的状态〉 ③ Vることにする〈决定〉 ④ Vておく〈提前准备〉 ⑤ Nなら（ば）〈话题、条件〉 ⑥ Nをもとに（して）〈题材、基础〉	(1) 运用「Vることになる」表示既定的计划以及决定的事情。 (2) 运用「Vることにする」表示决定进行的计划。 (3) 运用「Vておく」来表示提前做好的准备。 (4) 理解表示条件时，「なら」「たら」「ば」「と」四者的区别。

ユニット2

语言知识点	学习重点
① Nみたいだ〈比喻、示例〉 ② 疑问词＋Vたらいいか〈询问〉	(1) 运用「Nみたいだ」表示根据观察做出的判断、预测，以及比喻、例举的场合。

ユニット3

语言知识点	学习重点
① N_1からN_2にかけて〈时间、空间范围〉 ② Nに及ぶ〈达到〉 ③ ～と言える〈提出主张〉 ④ Nからなる〈构成〉 ⑤ Nを通して〈途径、手段〉 ⑥ Vず〈动作的否定〉	(1) 理解「Nを通して」与「Nを通じて」的区别。 (2) 理解「ずに」与「ないで」的区别。

2. 语言能力拓展

(1) 搜集资料，了解中国古代长卷绘画作品。例如《韩熙载夜宴图》《清明上河图》等。

(2) 学习或讨论演讲稿的写作方法。

三、语言知识拓展

（一）词汇

パーマをかける

「かける」本意为"挂"，汉字写作「掛ける」，不过该动词在实际使用中，与很多名词形成固定搭配，表达丰富的意义，通常不写汉字。常见的固定搭配有：

固定搭配	汉语意思
電話をかける	打电话
迷惑をかける	（给对方、他人）添麻烦
心配をかける	让对方、他人担心
パーマをかける	烫发
腰をかける	落座，坐下
時間をかける	花时间
手間をかける	下功夫
気にかける	担心，挂念

（二）语法

1. Vてある〈客体存续的状态〉（→ 条目2）

　　a.「Vてある」表示动作、行为完成之后客体存续的状态。主要有两种用法：

　　① 动作结果的存续状态

　　会话中出现的「2年生以上って書いてあります」属于该用法。可用于表示安置、设置义的「開ける、閉める、掛ける、貼る、並べる、付ける、飾る、置く」等动词。以「（〈場所〉に）NがVてある」句式展开练习。需强调V为他动词，N后接「が」。

　　　　窓を開ける　　　　　→　窓が開けてある
　　　　壁に地図を張る　　　→　壁に地図が貼ってある
　　　　机の上にメモを置く　→　机の上にメモが置いてある

　　② 做好某种准备之后的状态。

　　(1) その問題は詳しく調べてあります。

　　(2) ホテルはもう予約してある。

　　b.「Vてある」和「Vている」都可以表示结果状态，如何区分是教学中的难点。

句式	Nが＋Vている	Nが＋Vてある
例句	窓が開いている いすが並んでいる	窓が開けてある いすが並べてある
动词	自动词（非自主动词）	他动词（自主动词）
语义区分	凸显客体变化的结果，不表示主体的动作意图。	表示客体变化的结果是由主体的动作造成的。

　　c. 注意强调非自主动词不用于「Vてある」。

　　(3) ×火が消えてある。　→　火が消えている。

　　(4) ×虫が死んである。　→　虫が死んでいる。

2. Vることにする〈決定〉（→ 条目3）

　　该句式用于表示动作主体做出某个决定之意。「ことにする」表示发话时做出的决定，「ことにした」表示过去做出的决定。

3. Vておく〈提前准备〉（→ 条目4）

　　a.「Vておく」表示事前的准备或原状态的保持，对于下例中的用法，学生有时难以理解，可解释为"为下一次……做准备"。

(1)本を読んだら、元の場所に戻しておく。
　　(2)今日はこれくらいにしておこう。
　b.「Vておく」用于表示说话人的动作、行为，一般不用于第三人称。
　　(3)私が資料を準備しておきます。
　　(4)??王さんが資料を準備しておきます。
　　　→王さんが資料を準備しておくそうです。
　c.「Vてある」也可以表示做好准备的意思，不同之处在于：「Vておく」表达的是动作，「Vてある」表达的是状态。可比较：
　　(5)ホテルを予約しておいた。
　　(6)ホテルを予約してある。
　d.可变换为学过的「～ておいてください」「～ておきましょう」「～ておいてもいいか」「～ておいたらどうですか」「～ておきたい」「～ておかなければならない」「～ておかないと」等句式展开多样性练习。
　　(7)ちゃんと予習しておいてください。
　　(8)新しい単語を覚えておきましょう。
　　(9)お金はここに置いておいてもいいですか。
　　(10)先輩に相談しておいたらどうですか。
　　(11)今のうちに書いておかないと忘れてしまう。
　　(12)早く計画を立てておかなければならない。

4. Nなら（ば）〈话题、条件〉（→ 条目5）

　　「なら（ば）」接在名词后面，表示话题，含有"（要说）……的话"的假定含义，后句表示说话人的判断、建议、命令、要求、希望等。「なら（ば）」的句末一般不出现过去时。
　　(1)土曜日なら、大丈夫です。
　　(2)お金なら貸してあげるから、心配しないで。

ユニット2

1. Nみたいだ〈比喻、示例〉（→ 条目1）

　　本课学校的「～みたいだ」是接在名词后面的用法。常见的偏误是与名词接「～ようだ」时的混淆，需要强调。
　　(1)夢みたいだ／夢のようだ。

「～みたいだ」后接名词时为「～みたいな」，后接动词、形容词时为「～みたいに」。
  (2)夢みたいな話。
  (3)京都みたいな静かな町。
  (4)氷みたいに冷たい。
  (5)日本人みたいに日本語が上手だ。

ユニット3

1. Nを通して〈途径、手段〉（→条目5）
该句式表示的途径及手段偏重的是中介人、媒介物的含义。
  (1)弁護士を通して相手に連絡する。
  (2)鈴木さんを通して高橋さんと知り合った。
  (3)ドラマを通して話し言葉を学ぶ。
  (4)アルバイトを通してコミュニケーション能力を高めた。
透过具体事物获得感知也可以用「～を通して」，相当于汉语的"透过……"。
  (5)窓を通して外を眺める
  (6)カーテンを通して光が部屋の中に入ってくる。

四、学习手册答案

I. 文字、词汇、语法

1. (1)さる　(2)すがた　(3)しきさい　(4)さんこう　(5)しょうたい
　(6)ゆた　(7)かまくらじだい　(8)か　(9)こうけん　(10)のりこえ

2. (1)表情　(2)共有　(3)場面　(4)価値観　(5)現役
　(6)仲間　(7)不思議　(8)気楽　(9)染　(10)描

3. (1)d　(2)c　(3)d　(4)b　(5)a
　(6)d　(7)b　(8)a　(9)a　(10)c

4. (1)消して　(2)消えて　(3)始め　(4)始まり　(5)集まって
　(6)集める　(7)かかって　(8)かけた　(9)入れる　(10)入って

5. (1) c   (2) d   (3) d   (4) d   (5) a   (6) a   (7) d   (8) a
   (9) b   (10) d   (11) c   (12) a   (13) c   (14) a   (15) a

6. (1) を   (2) が   (3) を   (4) が(は)   (5) から
   (6) に   (7) での   (8) で   (9) から   (10) が

7. (1) a   (2) a   (3) c   (4) c   (5) a
   (6) d   (7) a   (8) d   (9) b   (10) b

Ⅱ. 听力

1. (1) c   (2) c   (3) d   (4) b

2. (1) c   (2) a

3. 解答

木曜日（今日）	d
金曜日	e
土曜日	c
日曜日	f
月曜日	a

Ⅲ. 阅读

(1) d   (2) c

五、学习手册听力录音

实力挑战

　大学生活を送る中で、「大学院へ進学するのか、学部卒で就職するのか」ということに悩む人が多いのではないかと思います。みなさんはどう考えていますか。

　1．私は頑張って大学院に進学したほうがいいと思います。今は学歴社会で、競争が激しいですから。大学院では専門的な勉強や研究ができ、知識を身に付けることができます。博士号を取ったら就職の選択肢が増えると思います。また教授の近くで勉強することで、研究者がどのように考えて、行動しているのかを知ることができます。それが自分にとって大きなプラスになると思います。ですから、私は、

大学院に進学したほうが自分には良いと思います。

　2．私は大学を卒業したら就職したほうがいいと思います。確かに好きな研究に没頭できるというのは素晴らしいことだと思いますが、特にやりたいことがあるわけではない人や、やりたいことがわからないのに、ただ学歴のために大学院に入っている人も少なくないのではないかと思います。大学院に入ったら、社会人になるのが2、3年遅くなってしまいます。それだけではなく、学費もかかりますので、経済的にも大きな負担になります。ですから、私は大学を卒業したら、就職して経験を積んでいったほうが良いと思います。

　いろいろな意見がありますが、あなたはどう思いますか。あなたの考えを話してください。

自我检测
1．録音を聞いて、a～dの中から正しいものを1つ選びなさい。
　(1) 質問：どうして先に帰るのですか。
　　A：今日の会議、長かったですね。
　　B：ええ。あっ、もうこんな時間。
　　A：何かあるんですか。
　　B：今週からピアノのレッスンに行くことにしたんです。
　　A：そうなんですか。いいですね。
　　B：バスじゃ間に合わないかも。タクシーで行きます。お先に失礼します。
　　質問：どうして先に帰るのですか。
　　　a．一緒に帰りたくないから
　　　b．バスが来ないから
　　　c．ピアノのレッスンに行くから
　　　d．会議があったから
　(2) 質問：小説を借りることができますか。
　　A：この小説、おもしろかったですよ。作者の子供時代の体験をもとにしたストーリーなんです。
　　B：じゃあ、次はそれを読むことにします。貸してもらえますか。
　　A：すみません、先に山下さんに貸すことになっているんです。だからその次でいいですか。
　　B：ええ、お願いします。
　　質問：小説を借りることができますか。

　　　　a．すぐには借りられません。
　　　　b．山下さんから借ります。
　　　　c．山下さんのあとで借ります。
　　　　d．借りません。
　(3)質問：このレストランに行くとき、予約は必要ですか。
　　　　A：「桜」、最近人気があるそうですね。
　　　　B：ああ、駅前のレストラン。
　　　　A：ええ。もう行きましたか。
　　　　B：行きましたよ。味もよかったし、値段もそんなに高くなかったです。
　　　　A：じゃあ、今週末、友達と行ってみようかな。
　　　　B：それなら、予約しておいたほうがいいですよ。予約しないと、お店の前で30分以上待つことになりますから。
　　　　質問：このレストランに行くとき、予約は必要ですか。
　　　　a．しないほうがいいです。
　　　　b．しなければなりません。
　　　　c．しないほうが良くないです。
　　　　d．したほうがいいです。
　(4)質問：先月日本に来たとき、連絡しましたか。
　　　　A：先月、日本に来ていたんですね。連絡してくれればよかったのに。
　　　　B：すみません。スケジュールが忙しくて、ご連絡できませんでした。
　　　　A：今度来たときは、ぜひ、連絡してください。
　　　　B：わかりました。
　　　　A：楽しみにしています。
　　　　質問：先月日本に来たとき、連絡しましたか。
　　　　a．連絡しましたが、時間が空いていませんでした。
　　　　b．連絡しませんでした。
　　　　c．連絡したくありませんでした。
　　　　d．連絡してはいけませんでした。

2．次の会話を聞いて、質問の答えを4つの絵の中から選びなさい。
　(1)A：最後に教室を出る人は、黒板を消し、電気も消しておいてください。
　　　B：先生、黒板に貼ってある地図はどうしたらいいですか。
　　　A：そのままにしておいてください。

(2) A：お母さん、きょう、何人来るの？
　　B：全部で6人。
　　A：料理多すぎない？
　　B：足りないよりいいでしょ。
　　A：このケーキもお母さんが作ったの。
　　B：そうよ。あ、ワインも買っておけばよかった。
　　A：ジュースでいいよ。ねえ、それより、この花、すてき！買ってきたの？
　　B：それ、うちの庭に咲いてた花よ。

3. 次の会話を聞いて、例にならって、「山田さんの予定表」を完成させなさい。
　　A：山田さん、花子さんが事故でけがをしたって聞いたんですけれど、知ってますか。
　　B：ええ、2週間くらい学校を休んでいるらしいですよ。
　　A：心配ですね。いっしょにお見舞いに行きませんか。
　　B：いいですね。いつにしましょうか。
　　A：明日の午後はどうですか。
　　B：明日は先生に論文を見ていただくことになっているので……。
　　A：そうですか。週末の予定は？
　　B：土曜日は友達と映画に行くことになっていて。日曜日は大丈夫です。
　　A：日曜日は、私、バイトがあるんです。じゃあ、来週の月曜日は？
　　B：大丈夫ですよ。じゃ、月曜日に行きましょう。
　　A：ところで、お見舞いに何を持って行きましょうか。
　　B：雑誌なんてどうですか。
　　A：いいですね。
　　B：じゃあ、日曜日に買っておきますよ。
　　A：お願いします。

六、课文翻译

ユニット1 演讲比赛的海报

（课后，高桥、李东和山田在走廊说话，李东注意到了微信群里的通知。）
李　：啊，演讲比赛的通知，写着"日语专业的同学，来参加演讲比赛吧！"

山田：每年都有。

李　：（接着读）比赛9月进行，获奖者将受邀赴日……太棒了！

高桥：太棒了啊！

山田：咦？可是这个比赛应该只有三年级以上的同学才能参加，今年二年级的学生也能参加吗？

李　：嗯，哦，写着参赛者为二年级以上同学呢，看。

高桥：太好了！

李　：获奖的话就能去日本了，我打算参加。我想去东京迪士尼乐园和大阪环球影城，玩儿各种游艺。

高桥：中国也有啊。

李　：我是计算机专业的，想为今后研发游戏软件找些启发，坚持学日语还是对了。

山田：这样啊，那还是应该多体验体验，说不定就获奖了，加油！

李　：好的，我参加！对了，我讲什么啊？

高桥：是啊，讲什么很重要啊。

李　：以近期的话题为基础来讲怎么样？

高桥：挺好的，从和别人不一样的角度来讲可能会比较有意思……

李　：顺便问一下，近期的话题是什么？

高桥、山田：啊？

ユニット2 改变形象

（渡边、李东和高桥坐在长椅上看郊游时的照片，铃木从远处走来）

渡边：咦，那个人，不是铃木吗。

李　：啊，真是。他的脑袋怎么成那个样子了。

高桥：真的。铃木！

铃木：（很不好意思地）啊，你们好。

李　：铃木你改变发型了，挺适合你的，是吧，渡边。

渡边：嗯，嗯……简直就像，前些时候大家一起看的电影中的，那个主人公一样。是吧，高桥。

高桥：是，是啊。

铃木：是吗？其实我想弄成足球队员安德逊那样。

渡边：安德逊？

铃木：是的。但我在美发店不知怎么解释好，就把安德逊的照片给他们看……，结果

还是和我想的不一样。
高桥：没有啊，我觉得显得很健康、有活力，比安德逊要好多了。
铃木：稍微染了一下发，烫了头。颜色太亮了吧？
李　：颜色还行，是吧，渡边。
渡边：啊，是啊。到了暑假我也弄成铃木那样的狮子头。
铃木：啊，我的发型像狮子吗？
高桥：不，不是，不是那样的。马上就到夏天了，我觉得正合适。
李　：是啊，挺精神的。
铃木：是吗……

3 鸟兽戏画（李东的演讲参考资料）

《鸟兽戏画》是日本有名的画卷，作品创作于距今约800年前的平安末期至镰仓初期。

画卷分为甲、乙、丙和丁4卷，各卷长达10米。特别是甲卷和乙卷可谓旷世杰作，甲卷上出现的兔、猴和蛙如同人类一般表情和动作丰富细腻，堪称中世日本的梦幻世界、现代漫画的鼻祖。

甲卷

出现了11种动物，它们在进行人类的各种活动，在4卷当中知名度和受喜爱的程度最高。

画的左侧有一只倒下的青蛙，画的中央有一对发现了犯人的青蛙，画的右侧有一只猴子，它就是摔倒了青蛙的犯人。青蛙和兔子追赶猴子的原因可以从故事情节中读出来。

在画的右侧，青蛙和兔子在进行相扑。在画的中央，青蛙把兔子抛了出去。因此，从画的右侧到左侧，我们可以看到如"漫画分镜"般的时间流逝和情节发展。此外，身量小的青蛙把身量大的兔子抛了出去，这也唤起了人们支持弱者的畅快之情。

乙卷

此卷堪为动物图鉴。前半部分出现了牛、鹰等日本常见的动物，后半部分出现了虎、象等并不栖息于日本的动物以及麒麟、龙等想象中的动物。

丙卷

由前半部分的人物戏画和后半部分的动物戏画构成。

老尼和小僧之间的"抻脖子"。老尼看上去软弱，实则占据优势。僧尼宛如身边的人物，栩栩如生、呼之欲出。

丁卷

以人物为中心，未出现拟人化的动物。

身着兜裆布拉网的男性。网绳断裂的瞬间摔了个四脚朝天。

李东的演讲稿撰写提纲

1. 《鸟兽戏画》这部画卷是日本最早的漫画。
2. 这是一部通过动物来反映人类社会的作品，富有幽默感。
3. 不使用色彩和文字而直击人心，具有不可思议的魅力。
4. 具有和现代漫画作品类似的故事情节性和人物性。
5. 体现了"支持弱者"的日本社会价值观，将中世和现代结合了起来。
6. 中国古代有哪些有名的画卷？

第8課　留学試験の面接

一、教学目标

1. 能够在面试中谈论自己的观点及未来的规划。
2. 能用被动句陈述情况。
3. 能够表达契机。
4. 能够表达传闻和推测。
5. 了解自身特点，明确自己将来要做的事情。

二、语言知识点、学习重点及语言能力拓展

1. 语言知识点及学习重点

ユニット1

语言知识点	学习重点
① お／ご～ください〈请求〉 ② 被动态与被动句（1） ③ Nをきっかけに（して）〈契机〉	(1) 运用尊他表现形式「お／ご～ください」向年长或者地位高的人表达自己的请求。 (2) 掌握日语被动态的变化规则，以及直接被动句的特点。运用日语被动句表示被动、描述客观现象。

ユニット2

语言知识点	学习重点
① 被动态与被动句（2） ② ～らしい〈传闻、推测〉	(1) 理解间接被动句表达的含义，运用间接被动的形式表达某一事态的发生间接带来的不良的影响或损害。 (2) 掌握「～らしい」的接续形式，运用「～らしい」表述传闻或者推测。

ユニット3

语言知识点	学习重点
	(1) 理解文章中出现的被动表达的含义。 (2) 梳理、回顾已学的语言知识点。

2. 语言能力拓展

(1) 通过小组讨论等形式，思考自己的性格、爱好等，结合个人特点思考未来想用日语做什么事情。

(2) 通过小组讨论，了解对日语敬语现象的各种观点，明确自己对于日语的敬语现象的相关认识。

三、语言知识拓展

（一）词汇

緊張する

「緊張する」是三类动词，与汉语"紧张"属于同形同义关系。在初级学习阶段，有的学生会受汉语影响，产出「とても緊張です」（"很紧张"）的错误表达。因此需要提醒学生注意「緊張する」在日语中没有形容词用法。这样的动词在初级阶段还有「充実する」等。例如：

(1) 充実している毎日を送っている。

(2) 李さんはとても緊張した顔をしている。

（二）语法

1. お／ごVください〈请求〉（→ 条目1）

第5课学习了基本的敬语表达方式。本课学习的「お／ごVください」是尊他的祈使形式。敬语学习的一个难点是形式复杂，可以通过阶段复习带领学生巩固学过的知识。结合本条目，可以复习以下几个比较容易混淆的形式。

◇ お／ご＋动词第一连用形/动词词干＋する　　　　（自谦）

◇ お／ご＋动词第一连用形/动词词干＋に＋なる　　（尊他）

◇ お／ご＋动词第一连用形/动词词干＋ください　　（尊他祈使）

2. 被动态与被动句（1）（→ 条目2）

被动态是一种基本的语态，教学过程中应关注以下几点：

① 动词的词形变化，可以利用动词活用表强化练习。

② 主动句变为被动句后，名词后附的格助词也有变化，初学者常常容易将动作主体的「に」格说成「が」格，应及时予以纠正。

③ 注意被动态的意义和使用范围。被动态常常用于客观或受到损害时（在某些有预设的语境下，也可表示受益，如(2)a，而「～てくれる」「～てもらう」通常只能表示受益。例如：

(1) a.「いいですよ」と言ってくれた。
　　 b.「だめだ」と言われた。

(2) a. 憧れの人に食事に誘われて嬉しい。
　　 b. 嫌いな人に食事に誘われて困った。

ユニット2

1. 物主被动句（→ 条目1）

汉语中经常说"我的钱包被偷了""我的脚被踩了"，中国学生在用日语被动句表达此类情况时，往往会受到母语的影响，产出「私の～は～された」这样的句子。日语是一种主观性很强的语言，偏好将有生命的人（尤其是说话人即第一人称）作为主语进行描述，对比(1a)(1b)，两句虽然都可以成立，但(1a)句体现了说话人受到损害的语感色彩，是更为理想的表达方式。而(1b)则是一种无关痛痒的客观叙述。

(1) a. 私は財布を盗まれた。
　　 b. 私の財布は盗まれた。

当所有物不是物品而是人的身体部位时，通常不能将该部位当作主语，如：

(2) ×私の頭は叩かれた。　　私は頭を叩かれた。
(3) ×私の足は踏まれた。　　私は足を踏まれた。

2. 间接被动句（→ 条目1）

a. 与其他被动句不同，间接被动句和主动句之间不是完全的对应关系。

b. 间接被动句都表示受到损害的含义。

(1) a. 雨が降った。　雨に降られた。
　　 b. 雨がやんだ。　×雨にやまれた。　雨がやんでくれた。

c. 自动词做谓语的间接被动句有时在汉语中没有对应的句式，也无法直接翻译成汉语，其受害的语义只能通过其他形式补偿出来。教学过程中可以引导学生首先理解

间接被动句的意义与用法，其次记住几个典型的例句。能够用于间接被动的自动词数量不多，现阶段记住以下几个常见的表达即可。

(2)雨に降られた。

(3)父親に死なれた。

(4)女房に逃げられた。

(5)赤ちゃんに泣かれた。

(6)隣の人に騒がれた。

3.～らしい〈传闻、推测〉（→ 条目2）

日语中有两种「らしい」，意义用法不同，学生很容易混淆，教学中可以利用下表梳理总结。

词语	词性	意义	接续	活用形式	例句
～らしい（第1课）	词缀	具有某种特征、风格	接在名词后	らしい／らしくない／らしさ	それはいかにも太郎らしい発言だ。
～らしい（第8课）	判断词	传闻、推测	接在简体句或二类形容词词干、名词后	らしい／らしかった ×らしくない ×らしさ	あそこに立っているのは太郎らしいね。

四、学习手册答案

I. 文字、词汇、语法

1. (1)げんだい (2)けいじばん (3)しょうとくたいし (4)さっきょく
 (5)かんめい (6)ぶか (7)いんしょうてき (8)た
 (9)こわ (10)ぎゃく

2. (1)緊張 (2)応募 (3)順番 (4)面接 (5)担当
 (6)広 (7)式典 (8)割 (9)間違 (10)正

3. (1) a (2) b (3) a (4) d (5) c
 (6) b (7) c (8) c (9) a (10) c

4. (1)に (2)を (3)を (4)は (5)に
 (6)で(は) (7)に (8)では (9)に (10)か、か

5. (1) 夜中に友達に(から)電話をかけられた(かけてこられた)。
   (2) 変なことを言って、みんなに(から)笑われました(笑われてしまいました)。
   (3) 私は大切な花瓶を壊してしまって母に(から)叱られました(叱られてしまった)。
   (4) 佐藤さんは先生に名前を間違えられました。
   (5) 初デートの途中で相手に帰られてしまった。
   (6) 1週間も雨に降られて、海に行けませんでした。
   (7) 妹に残しておいたケーキを誰かに食べられてしまった。
   (8) 友達に日記を読まれて、恥ずかしい。
   (9) ひどいことを言って、友達に怒られました。
   (10) この雑誌は大勢の人に読まれています。

6. (1) b　　(2) b　　(3) b　　(4) a　　(5) b　　(6) d

Ⅱ. 听力

1. (1) c　　(2) a　　(3) b　　(4) d　　(5) b

2. (1) 原因・理由(a)　　結果(k)
   (2) 原因・理由(g)　　結果(b)
   (3) 原因・理由(f)　　結果(h)
   (4) 原因・理由(d)　　結果(i)

Ⅲ. 阅读

(1) ○　(2) ×　(3) ×　(4) ×　(5) ○　(6) ×　(7) ○　(8) ×

五、学习手册听力录音

实力挑战
(1) どうして日本へ留学したいと思っていますか。
(2) どうして東西大学を選びましたか。
(3) 日本に来たら、そして東西大学に来たら、いちばんやりたいことは何ですか。
(4) 日本という国についてどう思っていますか。
(5) あなたが大学で頑張っていることは何ですか。
(6) 最近読んだ本について教えてください。

自我检测

1. 録音を聞いて、例のようにa～dの中から正しいものを一つ選びなさい。

(1) 質問：隅田川の花火大会へ行ったことがありますか。

　A：日本では夏になるといろいろな場所で花火大会が開かれるんですね。

　B：東京の隅田川っていうところで行われる花火大会が特に有名なんですよ。

　A：そうなんですか。その隅田川の花火大会へ行ったことがありますか。

　B：いいえ。でも、テレビで放映されたのを見たことがあります。

　質問：隅田川の花火大会へ行ったことがありますか。

　a．毎年行っています。

　b．ときどき行きます。

　c．行ったことがありません。

　d．一度行ったことがあります。

(2) 質問：今度から電話があったらどうしますか。

　A：元気がないですね。

　B：ええ。お客様から電話があったのを課長に伝え忘れてしまって、叱られたんです。

　A：そうだったんですか。電話があったら、忘れないようにメモをしておくといいですよ。

　B：そうですね。今度からそうします。

　質問：今度から電話があったらどうしますか。

　a．メモをします。

　b．電話に出ません。

　c．課長に電話します。

　d．すぐに課長に言います。

(3) 質問：お土産に何を買いますか。

　A：お土産に何を買えばいいですか。

　B：紹興酒はどうですか。

　A：ああ、いいかもしれませんね。紹興酒は日本でもよく知られていますから。でも、持って帰るのがちょっと重そうですね。

　B：じゃあ、シルクのスカーフはどうですか。女性には喜ばれるんじゃないかと思いますよ。

　A：いいですね。それにします。

　質問：お土産に何を買いますか。

　a．紹興酒。

b．シルクのスカーフ。
c．紹興酒とシルクのスカーフ。
d．まだ決めていません。

(4) 質問：どうしてもう行きますか。
A：もう行くんですか。まだ早すぎると思いますけど。
B：この時間帯は、道が混みやすいですから。
A：そうですか。それじゃ、もう行ったほうがいいですね。
質問：どうしてもう行きますか。
a．目的地に早く到着したいから。
b．急いでいるから。
c．早く帰りたいから。
d．道が混むかもしれないから。

(5) 質問：新しい校舎は誰が使いますか。
A：大学院生の寮の近くに新しい校舎が建てられるらしいですよ。
B：そうなんですか。
A：新しい校舎ができたら私たちも使えるのかな。
B：どうでしょうか。
質問：新しい校舎は誰が使いますか。
a．私たちが使います。
b．まだわかりません。
c．大学院の学生が使います。
d．新入生が使います。

2．録音を聞いて、例のように、原因・理由と結果を選びなさい。
例　ボールを当てられてけがをしてしまいました。
(1) 雨に降られて、風邪を引いてしまいました。
(2) うるさい音楽を聴かされて耳が痛くなりました。
(3) 隣でタバコを吸われて気分が悪くなりました。
(4) 上司にたくさん仕事を頼まれて、帰れなくなりました。

六、课文翻译

 面试

（京华大学和东西大学之间有交换留学生的制度。王宇翔参加选拔交换留学生的面

试。面试老师是胡老师和作为交换研究员来到京华大学的田岛老师）

田岛老师：请坐。

王　　：不好意思，谢谢。我是京华大学日语专业二年级的王宇翔，请多关照。

田岛　：王宇翔你为什么想作为交换留学生去留学？

王　　：我希望将来从事与中日文化交流有关的工作。嗯，也算是为了这个，现在想一定亲眼看看日本，所以报了名。

田岛　：是吗。你有没有什么特别感兴趣的事？

王　　：有。其中一个是日本的大众文化。从上比较文化课开始，我就对诸如"日本的大众文化是由什么样的人创造的"等问题感兴趣。另外，我还想知道同龄的日本年轻人实际上是如何看待"现代"这一时代的，他们感受到了什么。

胡老师：和京华大学有交换留学生制度的合同校有好几个，你为什么选东西大学？

王　　：嗯，我问了熟人，也做了一些调查，得知东西大学比其他大学更注重跨文化交流。还听说有日本学生和留学生交换意见的课。因此我很想了解中国是被如何介绍的，日本学生是如何看待中国的。

胡　　：哦，是这样啊。

王　　：除此之外，嗯，听说东西大学还为对比较文化感兴趣的学生开设了专门的讨论课程。我认为不仅是日本和中国之间，如果能和各个国家的同学交换意见，视野将会更开阔。所以我选择了东西大学。

（提问在继续）

ユニット2 面试之后

高桥：王宇翔昨天的面试怎么样？

李　：好像不是很顺利。

高桥：是吗。那我过会儿打电话问问。

（高桥给王宇翔打电话）

高桥：喂，我是高桥，是王宇翔吗？

王　：啊，高桥。

高桥：我想问问你昨天的面试怎么样了……

王　：嗯，哎，虽然准备了，但……

高桥：然后呢？

王　：轮到我的时候，一听叫自己的名字，就特别紧张。前一天晚上隔壁的人很吵，也没睡好……

高桥：面试的时候谁都会紧张的。

王　　：是吗。但老师问了很多问题，我努力地回答，但老师们是不是听懂了，我没有信心。

高桥：肯定没问题。

王　　：可是敬语我也用不好……

高桥：都说敬语就连日本人也觉得很难，所以你不用那么担心。

王　　：是吗？

高桥：打起精神来，后天的互学，请多帮忙。

王　　：也请你多帮忙。谢谢你给我打电话。

高桥：那后天见。

3 网上的布告栏：敬语的用法

最近在报纸上常有关于日本年轻人能否正确使用敬语的讨论。有关敬语的用法，大家有什么看法，我们期待着您的意见。

东西大学语言信息学系三年级　田中讨论组

我负责新职员面试已有15年了，不能正确使用敬语的年轻人正在逐年增多。即便在面试开始和结束时的寒暄语部分能够正确地使用敬语，但有时在中间也会突然变成年轻人的用语。各位青年朋友，不要死记硬背就业指南上写的东西，还是实际掌握基本的敬语吧。

公司职员（56岁）

我从上个月开始在快餐厅打工，由于用错了敬语，经常被店长提醒。昨天也是，我对顾客说了"あちらでお待ちしてください"，之后受到了批评。我想多留心一点把敬语说得再正确一些。但我不喜欢没完没了地被人提醒"敬语、敬语"。我觉得说话的时候能否替顾客着想比正确地使用敬语更重要。

自由职业者（24岁）

我学日语快4年了，如果有人问我学日语什么最难，我会回答"是敬语"。在头脑中能够理解，但就是用不好。在实际使用中，有时把尊他语和自谦语说反了，令对方很吃惊。如果日语里没有敬语的话，那我学起来或许会轻松很多。但还是有敬语的好。根据对方是老师还是朋友，会选择使用不同的词，我觉得这是很有意思的地方。

东西大学交换留学生W.X.（21岁）

第9課　ゴールデンウィーク

一、教学目标

1. 能够准确描述动作的时间。
2. 能够表达同时进行的两个动作。
3. 能够委婉地表达主张、观点。
4. 能够结合自身具体情况思考返乡就业、返乡创业的可能性。

二、语言知识点、学习重点及语言能力拓展

1. 语言知识点及学习重点

ユニット1

语言知识点	学习重点
① Vるところだ／Vているところだ／Vたところだ／Vていたところだ〈动作阶段与说话时点的关系〉 ② ～みたいだ〈推测〉 ③ V（ら）れた／Vることができた／Nできた〈最终实现〉 ④ ～ば～ほど〈程度递进〉 ⑤ 使动态与使动句	(1) 理解「Vるところだ／Vているところだ／Vたところだ／Vていたところだ」三者的区别，并正确使用。 (2) 掌握使动态的接续方式与使动句的特征，并得当使用。

ユニット2

语言知识点	学习重点
① Vながら〈同时〉 ② Nとも〈相同〉 ③ ～ようだ〈推测〉 ④ 使动被动态与使动被动句 ⑤ Vたばかりだ〈动作刚刚结束〉	(1) 理解「～ようだ」与「～みたいだ」的不同，能够使用「～ようだ」表示推测。 (2) 掌握使动被动态的接续方式与使动被动句的特征，并适当使用。

第9課　ゴールデンウィーク

ユニット3

语言知识点	学习重点
① 〜のではないだろうか〈委婉的主张〉 ② VたN〈连体修饰〉	(1) 运用「〜のではないだろうか」委婉表达自己的主张。 (2) 了解「VたN」中动词的特点。

2. 语言能力拓展

(1) 查阅资料，了解中国大学生返乡就业、创业的相关政策。

(2) 小组讨论分析返乡就业、创业的优势与劣势，思考自己未来的选择。

三、语言知识拓展

（一）词汇

1. 航空券

「航空券」意为"机票"，在日语中有一个外形相近的词「旅券（りょけん）」，「旅券（りょけん）」意为"护照"（「パスポート」）。另外，日语中表示门票、机票、车票等的"票"，有多种说法，例如「券」「切符」「チケット」等，使用场合并不相同。构成派生词时一般使用「-券」，例如：「入場券」「搭乗券」等，可以请学生进行总结。

2. 就職活動

「就職活動」意为"求职，找工作"，表示为了获得工作机会而努力、奔波，通常略称为「就活」。在日语中，「〜活動」作为构词成分，还有「結婚活動」（为结婚而忙着相亲等），通常略称为「婚活」，甚至因为逐年增多的老龄人口，还出现了表示老人们在生前提前处理自己的遗产、墓地等问题的「終活」一词。

（二）语法

1. Vるところだ／Vているところだ／Vたところだ／Vていたところだ〈动作阶段与说话时点的关系〉（→条目1）

a. 口语中，「〜ところだ」用于说话人向对方报告发话时点上自己所把握的人或事所处的状况，暗含着与前后其他动作、变化的连续性。如果不是一连串动作、变化中的一个阶段，只是叙述孤立性事件，不用「〜ところだ」。

(1)今からバスに乗ります。（叙述即将实施的动作）

　　今からバスに乗るところです。（含有行动计划中的一个阶段之意）

(2)会議は今終わりました。（叙述会议结束的事实）

　　会議は今終わったところです。（含有后续还有动作或变化发生之意）

(3)×地球は太陽の周りを回っているところだ。

　　→ 地球は太陽の周りを回っている。

(4)×雨が降っているところだ。

　　→ 雨が降っている。

(5)×ベンチに女性が座っているところだ。

　　→ ベンチに女性が座っている。

b. 表达瞬间变化的动词不接「Vているところだ」。

(6)×猫が死んでいるところだ。

(7)×パソコンは壊れているところだ。

(8)×彼は結婚しているところだ。

c. 该用法没有否定形式。

(9)×今読んでいるところではない。

(10)×これから行くところではない。

2. V（ら）れた／Vることができた／Nできた〈最终实现〉（→ 条目3）

该用法译成汉语时，由于一般不出现能动的表达方式，所以学生不容易掌握。可设置语境进行练习，掌握最终达成愿望或目标时的说法。经常与「やっと」「ようやく」「ついに」「なんとか」等副词搭配使用。

(1)おかげさまで能力試験に合格できた。

(2)久しぶりに会えたのでうれしかった。

(3)ずっと悩んでいたことが1日で解決できた。

(4)しっかり自分の気持ちが伝えられたのでよかったです。

(5)展示会は思ったより混雑もなくゆっくりと見物できた。

(6)好きな車を初めて買うことができたので、大変満足しています。

(7)苦手な野菜をカレーの中に入れるとおいしく食べることができた。

(8)初めての課題発表だったが、分かりやすく説明できたと思う。

3. ～ば～ほど〈程度递进〉（→ 条目4）

a. 学习该句式时，Ⅱ类形容词的接续容易出现错误，需要反复练习。

(1) 静かなら（ば）静かなほど集中できる。
(2) 新鮮なら（ば）新鮮なほどおいしい。
(3) ゲームは複雑なら（ば）複雑なほど楽しい。

b.「～ば～ほど」有时简化为「～ほど」的形式。如：
(4) 日本語は勉強するほど難しくなる。
(5) 周りが静かなほど集中できる。

c. 前句表达渐进的含义时，后句应为变化义动词。
(6) 日本語は練習すればするほど、{×上手だ　○上手になる}。

4. 使动态与使动句（→ 条目5）

使动句的基本句式为：
N₁（使役者）は　　N₂（被使役者）に　　　　N₃を　他動詞＋（さ）せる
N₁（使役者）は　　N₂（被使役者）を／に　　自動詞＋（さ）せる

a. 自动词使役句中，表达命令、强制义时，被使役者（即动作的主体）一般用"を格"表示，表达许可、放任义时，一般用"に格"表示。如果是移动动词，已存在表达移动处所的"を格"，则被使役者要用"に格"表示。如：
(1) 子供｛○に　　×を｝横断歩道を渡せる。
(2) 生徒｛○に　　×を｝運動場を走らせる。

b. 引发对方产生感情的使动句，常用的动词有「笑う、泣く、困る、怒る、喜ぶ、悲しむ、驚く、安心する、がっかりする」等，句中被使动者（即动作的主体）必须用"を格"表示。
(3) 失礼なことを言って先輩｛○を　　×に｝怒らせた。

此外，受母语影响，学生容易造出以第一人称为主语的使动句，这样的句子在日语中带有翻译腔调，使用以说话人为主语的句子更加自然。
(4) ? 先生のお話が私を感動させた。
　　→ 先生のお話に感動した。／先生のお話に感動させられた。
(5) ? 彼の行動が私をがっかりさせた。
　　→ 彼の行動にがっかりした。

c. 使动句后接「～てもらう／いただく」「～くれる／くださる」「～てあげる」构成使动授受句（「使役やりもらい文」），其中用于表示请求对方许可的「～（さ）せてもらいたい」「～（さ）せてもらえますか」「～（さ）せていただけませんか」尤其常用，应反复练习。注意区分以下句子的不同：
(6) いろいろな仕事をやってもらいたい。（希望对方做）

いろいろな仕事をやらせてもらいたい。（希望对方让自己做）

(7) ここで待っていただけますか。（请求对方在这里等）

ここで待たせていただけますか。（请求对方允许自己在这里等）

2

1. Ｖながら〈同时〉（→ 条目1）

a. 需要强调的是，以「ながら」连接的前后两句，主句和从句需为同一个动作主体，这与汉语的"一边……一边……"不同。

(1)×お母さんは天ぷらを作りながら、弟は食べている。

b. 教材中列举的均为以人为主语的例句，「Ｖながら」也可以用于自然现象等非生物做主语的句子中，这一点也与汉语的"一边……一边"不同，需要注意。

(2) 台風は速度を上げながら北上している。（台风在加速北上。）

(3) ヘリコプターは煙を上げながら落下した。（直升机冒着烟坠落了。）

c. 注意以下误用。

(4)×音楽を聴いていながら勉強をした。

→音楽を聴きながら勉強をした。

(5)×テキストを読みながら考えながら宿題をする。

→テキストを読みながら宿題をする。

2. ～ようだ〈推测〉（→ 条目3）

「ようだ」与「そうだ（征兆、推测）」「そうだ（间接引语）」「らしい」的区分是教学中的难点。

「ようだ」表示的是说话人根据自身的体验做出的不确定判断。下面的例句(1)中只能用「ようだ」。

(1) A：（询问对方菜的味道）どうですか。

B：（品尝后）ちょっと {〇辛いようですね　×辛そうですね　×辛いそうですね　×辛いらしいですね}。

注意以下各句语义各不相同。

(2) あの人は、悪い人ではないようだ。

那个人好像不是坏人。（根据自己实际接触、交往等做出的综合性判断。）

(3) あの人は、悪い人ではなさそうだ。

那个人看上去不是坏人。（根据自己观察的外表印象做出的判断。）

(4) あの人は悪い人ではないそうだ。

听说那个人不是坏人。（根据确定的信息源进行的转述。）
　　(5) あの人は悪い人ではないらしい。
　　　　那个人好像不是坏人。（根据不太确定的信息源或某种根据做出的判断）

　　由于「ようだ」表达的是说话人不确定的判断，在口语中经常作为委婉的表达方式使用，显得有礼貌。该用法将在第三册学习。

3. 使动被动态与使动被动句（→ 条目4）

　　动词使动被动态的变形较为复杂，学生不易掌握。尤其是Ⅰ类动词后接「～（さ）せられる」后，在口语中往往约音为「～される」的形式，易与被动态混淆，如「読まされる」与「読まれる」。注意词尾为「す」的Ⅰ类的动词，一般不约音，其使动被动态形式为「～（さ）せられる」，即：
　　　　話す→話させられる　　返す→返させられる　　消す→消させられる

四、学习手册答案

实力挑战

　　在日常生活中，我们经常能够听到很多"让……"，例如"让孩子学习""让……帮忙""让……忍耐""让……吃""让……向别人打招呼""让……玩儿""让……决定"等。

　　提到"让"孩子做什么，我们眼前浮现出的场景是孩子自己不想做，但是家长、老师等第三者强迫他们做。

　　"想让……做……"的人（强迫者）是家长，孩子是"被迫做……"（被迫者）。结果是"想让……做……"（想强迫）的人成了"让……做……"（强迫）的人，而且"被迫做的"事情往往是对"让……做……"的人（强迫者）有利的。

　　因为被强迫所以做，结果会使"想让……做……"的人（想强迫者）满意吗？有多少人由于小时候被逼无奈学习所以现在很幸福呢？自己想学习或者认为有必要学习时学习才是最重要的。

　　你怎么看这个问题？

　　到目前为止你是因为想学习所以一直在努力，还是被迫无奈地学习呢？

自我检测
Ⅰ. 文字、词汇、语法

1.(1)にゅうしゅ　　(2)かっせいか　　(3)しんせん　　(4)ちほう

(5) く　　　　　(6) はなよめすがた　(7) きぼう　　　(8) ぶじ
(9) とくちょう　(10) おやこうこう

2. (1) 都会　　(2) 割合　　(3) 筆記試験　(4) 瞳　　　(5) 発売
　 (6) 受験　　(7) 優　　　(8) 憧　　　　(9) 具体的　(10) 一時

3. (1) a　　(2) c　　(3) a　　(4) b　　(5) a
　 (6) b　　(7) d　　(8) b　　(9) b　　(10) c

4. (1) b　　(2) b　　(3) b　　(4) d　　(5) a
　 (6) c　　(7) a　　(8) a　　(9) b　　(10) b

5. (1) d　　(2) a　　(3) c　　(4) a　　(5) c

6. (1) c　　(2) c　　(3) b　　(4) d　　(5) a　　(6) d

Ⅱ. 听力

1. (1) b　　(2) d　　(3) c　　(4) b　　(5) d

2. (1) b　　(2) c　　(3) b　　(4) c

Ⅲ. 阅读
略

五、学习手册听力录音

实力挑战

　　日常生活の中で、よく子供に「勉強させる」とか、「手伝わせる」「我慢させる」「食べさせる」「挨拶させる」「遊ばせる」「決めさせる」……といった数々の「させる」を耳にします。

　　子供になにか「させる」とき、本人はやりたがってはいない、というかやりたくないけれども、親や先生といった第三者がそれを無理にさせている、という場面が目に浮かびます。

　　「させたい」人は親で、子供は「させられる」側の立場。結局、なにかを「さ

第9課　ゴールデンウィーク

せたい」人が、なにかを「させる」人になります。そして、「させられる」ことの大抵の場合は、させる人の利益や得になります。

　させられているからやるというのは、させたい人の思いどおりになることなのでしょうか。子供の頃に死ぬほど勉強させられたから、今が幸せなのだと言う人はどのくらいいるのでしょうか。本人がやりたいと思ったり、学ぶ必要があると感じたりしたときに学ぶのが一番だと思います。

　この問題について、あなたはどう思いますか。

　あなたは勉強したいから頑張ってきたのですか。それとも、勉強させられたから仕方なく勉強してきたのですか。

自我检测

1. 録音を聞いて、a～dの中から正しいものを一つ選びなさい。

　(1) 質問：どちらのお土産をもらいましたか。
　　　A：はい、お土産。どちらでも好きなほうを選んで。
　　　B：どちらもすてき。こっちのはデザインがすてきだし、そっちのは好きな色だし。
　　　A：両方とも気に入ったようだね。じゃあ、2つともどうぞ。
　　　B：えっ、いいの。うれしい。
　　　質問：どちらのお土産をもらいましたか。
　　　a．どちらか選べないので、もらいませんでした。
　　　b．両方もらいました。
　　　c．デザインが好きなほうをもらいました。
　　　d．好きな色のほうをもらいました。

　(2) 質問：ワインを買った理由は何ですか。
　　　A：いらっしゃいませ。
　　　B：ワインにあまり詳しくないんですけど。どれがいいかしら。
　　　A：こちらは甘くて飲みやすいですよ。
　　　B：そう、じゃあ、これにします。
　　　A：はい、ありがとうございます。
　　　質問：ワインを買った理由は何ですか。
　　　a．値段がやすいから。
　　　b．このワインが好きだから。
　　　c．ワインに詳しくなりたいから。
　　　d．お店の人に勧められたから。

(3) 質問：この人はこれからどうしますか。

　　A：あれ、どこへ行くんですか。

　　B：電気屋に行くところなんです。この電子辞書、さっき買ったばかりなのにもう壊れたみたいなんですよ。

　　A：えー、そうなんですか。ちょっと見せてください。

　　B：電源ボタンを押しても画面に何も表れないんです。

　　A：あっ、これ、電池の入れ方が逆ですよ。

　　B：えっ。よかった。

　質問：この人はこれからどうしますか。

　　a．電子辞書を買いに電気屋に行きます。

　　b．電子辞書が壊れたので電気屋に持って行きます。

　　c．電子辞書は壊れていなかったので、電気屋には行きません。

　　d．電子辞書を返しに電気屋へ行きます。

(4) 質問：料理の話は難しかったですか。

　　A：この間、留学生の李さんに中華料理についていろいろ教えてもらいました。

　　B：そうですか。でも、野菜の名前や料理の名前はわかりにくかったでしょう。

　　A：いいえ、説明しながら写真も見せてくれたのでとてもわかりやすかったですよ。

　質問：料理の話は難しかったですか。

　　a．はい、野菜の名前や料理の名前はよくわかりませんでした。

　　b．いいえ、写真を見ながら話を聞いたので、よくわかりました。

　　c．はい、知らない言葉が多くてわかりにくかったです。

　　d．いいえ、一緒に食べながら話を聞いたのでわかりやすかったです。

(5) 質問：今から何をしますか。

　　A：あっ！お父さんが大切にしてるお皿、割っちゃった。

　　B：謝るのは早ければ早いほどいいと思うよ。

　　A：うん。

　　B：お父さんは２階にいるよ。

　質問：今から何をしますか。

　　a．速くその場所から離れます。

　　b．急いで新しいお皿を買いに行きます。

　　c．早くお皿を片付けます。

　　d．すぐ謝りに行きます。

第9課　ゴールデンウィーク

2. 問題文を聞いて、最も正しい返答を、a～cの中から一つ選びなさい。

(1) A：そろそろ失礼します。
　　B：
　　a．もうすぐですね。
　　b．遅いから、車で送らせようか。
　　c．ようこそ、いらっしゃいました。

(2) A：日本語が前より上手になりましたね。
　　B：
　　a．頑張ります。
　　b．いいことだね。
　　c．先生に親切に教えていただいたからです。

(3) A：この商品、売れるでしょうか。
　　B：
　　a．なーんだ。そうだったのか。
　　b．さあ、どうでしょう。
　　c．この商品のよさを実感できました。

(4) A：試験、大丈夫だった？
　　B：
　　a．違いますよ。
　　b．私も受けようかなあ。
　　c．まあ、できるだけのことはやりました。

六、课文翻译

① 高桥临时回国

（在校园里高桥遇到了陈老师）

陈老师：高桥。
高　桥：啊，陈老师，您好。
陈　　：去上课吗？
高　桥：不是，我姐姐结婚，我决定临时回国一趟，正要去买礼物呢。
陈　　：是吗？那恭喜了！
高　桥：谢谢。其实马上就要考试了，我本想在这儿学习来着。
陈　　：但你姐姐的婚礼，还是应该回去……

高　桥：是的。
陈　　：正好是黄金周，机票不好订吧。
高　桥：嗯，我也是从上周就在订票软件上找，但一直没票，后来有人取消，昨天才好不容易订上了。
陈　　：每年这个时候机票都是越早订越好。我女儿从日本回来的时候，我总是让她提前一个月左右就订票。
高　桥：是吗？下次我也这么做。
陈　　：回来后一定给我们看看你的照片。
高　桥：好的。
陈　　：那你路上小心。
高　桥：谢谢您。
陈　　：赫映公主，回了日本，一定要回来哟。
高　桥：一定（笑）。

ユニット 2　日本的黄金周

（高桥从日本回来后）

王　　：高桥，你回来了。你姐姐的婚礼怎么样？
高桥：办得很顺利。
王　　：是吗，那太好了。婚礼在什么地方举行的？
高桥：在饭店。但正赶上黄金周，婚礼很多，总觉得不太踏实。
王　　：是吗。你姐姐穿着礼服很漂亮吧。
高桥：嗯，很漂亮。姐姐看上去很高兴，但爸爸妈妈时不时地边擦眼泪边听贺词。
王　　：他们二人肯定觉得很寂寞吧。
高桥：嗯。所以婚礼之后，他们说我回来了又变热闹了真好。
王　　：你也算尽了份孝心。
高桥：我跟他们说了北京的生活，他们好像挺放心的。
王　　：那太好了。
高桥：我还跟他们讲了你的事。爸爸妈妈让我向你问好。看，这是给你的礼物，爸爸非让我带来，有点沉啊。（笑）
王　　：实在不好意思，好高兴啊。你父母来北京已经是半年前的事了。
高桥：是啊，那时候，我刚来北京，还不太懂中文……
王　　：啊，对了，顺便问一下，我的事，是什么事？
高桥：啊？

第9課　ゴールデンウィーク

3 东西大学报：返乡就业

　　四年级同学即将迎来找工作的黄金时期，我们就今年四年级学生的求职活动状况采访了学生处的山冈老师。

　　— 今年四年级学生的求职活动状况如何？—

　　山冈：各公司的招聘会刚刚开始。今年四年级的学生中有70%希望就业，目前正在报名申请进入企业实习、走访公司、收集就业前沿的信息等。

　　— 什么样的工作最受欢迎？—

　　山冈：近几年，独具特色的不是职业的种类，而是就业地区。以前，希望在首都圈内就业的来自地方的学生较多，现在，希望回自己的家乡就业，也就是所谓的U turn就业的学生正在增加。

　　— 选择U turn就业的理由有哪些？—

　　山冈：大致来说有两类，一类是想回自己的家乡，另一类是认为在地方生活有优势。举例来说，前者有"喜欢家乡""想为家乡做贡献""有父母在"等个人对家乡的感情；后者有"经济方面比较宽裕""能够悠闲地生活""厌恶大城市"等想法。对于刚来到首都的一年级学生来说，大城市的生活是充满新鲜感的，但越来越习惯之后，反而会怀念轻松悠闲的生活，于是就开始考虑回乡就业了。

　　最近，由于互联网的普及，即便住在地方上也能获得和首都圈相同质量和数量的信息，不会落后于时代。U turn就业将对激活出生地活力做出贡献。

　　四年级的各位同学，求职活动，加油！

（东西大学报编辑部）

第10課　受　験

一、教学目标

1. 能够理解关系亲近者之间的谈话。
2. 能够理解命令、禁止的表达方式。
3. 能够谈论要达到目的所必需的条件。
4. 能够描述自己及周围的变化。
5. 能够鼓励他人并提出建议。
6. 明确自己在大学期间希望达成的目标。

二、语言知识点、学习重点及语言能力拓展

1. 语言知识点及学习重点

ユニット1

语言知识点	学习重点
① A₁くする／A₁₁にする〈状态、态度〉 ② Vてくる〈客体、信息的移动〉 ③ Vなさい〈命令・敬体〉 ④ 动词的命令形和命令句 ⑤ 动词的禁止形 ⑥ 日语简体会话的特点(3)	(1) 区分「A₁くする／A₁₁にする」的两种用法（第一册第10课的用法和本课的用法）。 (2) 掌握日语命令形的变化规则和禁止形的接续方式，并可以在具体情境下运用。

ユニット2

语言知识点	学习重点
① Vてしまう〈强行做某事的意志〉 ② N₁はN₂ほど～ない〈比较〉 ③ ～せいで／～せいだ〈消极原因〉 ④ ～なら〈话题〉	(1) 总结所学的「Vてしまう」的几种用法。 (2) 能够用「～せいで／～せいだ」表示消极的原因。

第10課 受験

ユニット3

语言知识点	学习重点
① ～ような気がする〈感觉〉 ② Vずに〈动作的否定〉 ③ Vるには〈目的〉 ④ 非自主动词表达"可能"意义 ⑤ Vるようになる〈变化〉 ⑥ やる／Vてやる〈给予/施恩〉 ⑦ Vるといい〈建议〉	(1) 了解表示目的的「Vるには」与「Vるために」的区别。 (2) 理解非自主动词表达"可能"意义。 (3) 掌握「Vるようになる」的几种用法。

2. 语言能力拓展

(1) 小组内交换意见，各自阐述对第3单元中A.N.さん、プラトンさん、ちかぴょんさん三人观点的看法。

(2) 小组讨论大学生活和学习的意义，设定自己在大学期间想要达成的目标。

三、语言知识拓展

（一）词汇

スランプ

在第1单元中，渡边美咲坦言自己每次考试前都会有些消沉，没有信心，这时，她用了外来词「スランプ」，该词英语词源为"slump"，表示身心状况不佳，以往能够完成的事情也无法胜任，日语近义词有「はまり込む」「落ち込む」等。在现代日语会话中，即使已经有一些和语词、汉语词可以表达自己的心情，年轻人有时还是会选择使用一些外来词来表达。特意使用外来词的意义何在？这些外来词与意义相近的和语词、汉语词又有哪些不同之处？可以请学生分组讨论、总结。

（二）语法

1. A₁くする／A₁にする〈状态、态度〉（→ 条目1）

「形容词＋する」主要有以下用法：

a. 使事物发生变化。句式：「～が～をA₁く／A₁にする」

(1) 妹は部屋をきれいにした。

(2) 問題を簡単にしてください。

(3) まず文章を読みやすくしなければならない。
   b. 动作主体保持某种状态。句式：「～が（～を）A₁く／A₂にする」
(4) 先生からいただいた本を大切にする。
(5) お身体を大事にしてください。
(6) あの子はいつも静かにしている。
(7) 子供達が元気にしているかどうか心配している。
(8) こういう時はおとなしくしていたほうがいいよ。
   c. 动作主体表现出某种态度。句式：「～が（～に）A₁く／A₂にする」
(9) 彼に冷たくしているつもりはない。
(10) 人に優しくすると、自分も優しくされる。
(11) 現地の人はとても親切にしてくれた。
(12) 中学時代から親しくしている友人がいる。
(13) 成功者の多くが自分に厳しくしている。

2. Vてくる〈客体、信息的移动〉（→📖条目2）

该用法表示朝向说话人的物品或信息的移动。
(1) 友達から動画が送られてきた。
(2) 上司は私にさまざまな仕事を頼んできた。
(3) 中学時代の友人が突然連絡してきた。
(4) 心配しているから、電話してきたのよ。
(5) 相手から何も言ってこないから、大丈夫だろう。
该用法中，常见的误用如（6）。此外，类似「高橋さんから電話がかかってきた」这样的自动词句也不易掌握。
(6) 先生が私に電話を｛×かけた　○かけてきた｝。

3. 动词的命令形和命令句（→📖条目4）

动词命令形的变形中，Ⅱ类动词的变形最难掌握。学生往往将之与动词的意志形混淆，需反复练习。

1. ～なら〈话题〉（→📖条目4）

「と」「ば」「たら」「なら」四个助词的区分是教学中的难点。
由「と」「ば」「たら」构成的复句，从句和主句需存在时间上的先后关系，即

"先从句后主句"，「なら」则不需要构成这样的关系，从句和主句表达的事项同时发生或"先主句后从句"都可以。

(1) 故宫に｛○行くなら　×行ったら　×行くと　×行けば｝、予約が必要だよ。

(2) 中国に｛○来るなら　○来たら　×来れば　×来ると｝、連絡してください。

1. Vるには〈目的〉（→ 条目3）

该句式为一种假设条件的表达方式，所以句末一般为「～が必要だ」「～べきだ」「～なければならない」「どうしたらいいか」「～ほうがいい」等，用以表达说话人判断、要求、建议、疑问等语气。

(1) ×試験に合格するには、いろいろ準備をした。
　　→試験に合格するために、いろいろ準備をした。

2. 非自主动词表达"可能"意义（→ 条目4）

受汉语中"可能"的表达方式的影响，对于日语中这种"无标记"的"可能义"的表达方式，学生较难掌握，尤其在表达否定含义时容易出现以下例句中的偏误。此处需强调非自主动词一般没有能动态或「Vることができる」的形式。

(1) 背が低くて、高い所に手が｛×届けない　○届かない｝。

(2) 就職先が｛×決められなくて　○決まらなくて｝不安だ。

(3) 腰が痛くて力が｛×入れない　×入れられない　○入らない｝。

(4) 窓が壊れていて、｛×閉まられない　×閉められない　○閉まらない｝。

(5) 募集しても人がなかなか｛×集まれない　×集められない　○集まらない｝。

(6) 咳はなかなか｛×止まれない　×止められない　×止めることができない　○止まらない｝。

有的动词既可做自主动词，又可做非自主动词。做自主动词使用时，主语为人，有能动态的形式；做非自主动词使用时，主语为物，没有能动态的形式。如(7)、(8)中的「動く」。

(7) 一日中歩いたので、もう疲れて動けない。（主语为说话人，有生名词）

(8) 電池が切れたので、時計は動かない（×動けない）。（主语为「時計」，

无生名词）

(9) ケースが小さいので、荷物は全部入らない。（主语为「荷物」，无生名词）

(10) 会場が狭いので、参加者は全員入れない。（主语为「参加者」，有生名词）

3. Vるようになる〈変化〉（→ 条目5）

该句式表示自然发生的状态变化，包括能力、习惯、现象的变化等，含有经历了一个较长时间过程的语义，注意其与「Vるようにする」的区分，后者表示动作主体设法、努力做到某事。表示变化的名词、形容词、动词的句式，可一并复习如下：

	なる	する
名词	Nになる	Nにする
	例：息子が医者になる	例：息子を医者にする
形容词	A_Iくなる／A_{II}になる	A_Iくする／A_{II}にする
	例：音が小さくなる 部屋がきれいになる	例：音を小さくする 部屋をきれいにする
动词	Vるようになる	Vるようにする
	例：10時に寝るようになる	例：10時に寝るようにする

4. Vるといい〈建议〉（→ 条目7）

「Vるといい」表示的建议为"一般来说这样做比较好""一般情况下可以这样做"的意思，并不表示必要条件，如果要表示必要条件，需使用「Vばいい」「Vたらいい」。所以，向对方征求建议、询问怎样做才好时，不用「Vるといい」，而使用「Vばいい」或「Vたらいい」，回答时则三者均可使用。

(1) A：いい成績を取るには、{〇どうすればいいですか／〇どうしたらいいですか　×どうするといいですか}。

B：ちゃんと復習{すればいい／したらいい／するといい}ですよ。

建议对方不做某事时，要使用「Vないほうがいい」。

(2) ×あの人に言わないといい。

→あの人に言わないほうがいい。

四、学习手册答案

ユニット1 课前学习

(1)明日使うもの、出しときましょう。
(2)A：今から1杯飲もうか。お祝いにおごってくださいよ。
　　B：今日はやめとくよ。だいたい俺がお祝いされるほうなんだからな。
(3)話の構成とか伝え方の注意事項とかまとめてあるから読んどいて。
(4)高橋さんにも嫌われちゃったみたいだ。
(5)お客さんにこんなことまでさせちゃって。
(6)タダで得した気分になっていつもより多く飲んじゃった。

自我检测

I. 文字、词汇、语法

1. (1)せきにん　(2)がくひ　(3)どうそうかい　(4)ようし
　 (5)はげ　(6)えんりょ　(7)ちょくぜん　(8)しぜん
　 (9)よわき　(10)とうこう

2. (1)上達　(2)欠席　(3)豊か　(4)悩み　(5)転換
　 (6)返信　(7)単位　(8)休学　(9)目指　(10)真剣

3. (1) b　(2) a　(3) a　(4) b　(5) c
　 (6) c　(7) a　(8) d　(9) b　(10) d

4. (1) a　(2) a　(3) d　(4) d　(5) c　(6) a　(7) c　(8) b
　 (9) b　(10) b　(11) c　(12) d　(13) a　(14) d　(15) a　(16) d

5. (1)には　(2)ほど　(3)で　(4)に　(5)から　(6)に
　 (7)から(なら)　(8)で　(9)なんか(なんて／だけは)　(10)ほど

6. (1)読め(読みなさい)　(2)こわがる　(3)寝なさい(寝ろ)
　 (4)吸うな(吸ってはいけない／吸ってはならない)　(5)複雑ではない
　 (6)持って行く　(7)貼ら　(8)調べた(調べてみた)
　 (9)散歩させ(散歩させてあげ)　(10)習う(習いたい)

7. (1) b   (2) d   (3) c   (4) b   (5) a
   (6) d   (7) a   (8) c（d）   (9) a   (10) c

Ⅱ. 听力

1. (1) a   (2) b   (3) b   (4) c   (5) d

2. (1) a   (2) e   (3) d   (4) c   (5) b

Ⅲ. 阅读

(1) b   (2) c

五、学习手册听力录音

实力挑战

　　こんにちは。kittyです。留学生活も1年半、最近ちょっと疲れ気味……。タイミングよく中国の友人が癒しスポットに連れて行ってくれました。

　　北京で流行中の癒しスポット、それは「洗浴中心」です。「洗浴中心」に到着したら、まずお風呂。脱衣所には従業員が7名ほど待機し、お水をくれたり、ロッカーの開閉を手伝ってくれたりと、いろいろサービスしてくれます。シャワーを浴びて脱衣所に戻ってくると、従業員が体を拭いてくれるという、ちょっとこちらが恥ずかしくなってしまうようなサービスもあります。ちなみに従業員はお客さんのことを"美女měinǚ"と呼ぶのが決まりなので、これもまた気恥ずかしい……。お風呂が終わると次は食事に行きます。バイキング形式になっていて、料理の数はざっと50種類以上。もちろん、北京ダックや蟹などの豪華な料理もあって大満足でした。お腹いっぱい食べたらひと休みといきたいところですが、そうはいきません。今度はトランプをするために個室へ移動します。日本では子供の遊びというイメージのトランプですが、こちらでは大人も真剣に遊びます。その日は、大富豪を4時間もしました。癒されるために「洗浴中心」に行ったkittyですが、最後のトランプで疲れきってしまいました。

　　今、北京は活気にあふれています。中国人としては、癒しスポットでまったり……というよりは、エネルギッシュに楽しみたい！　という気持ちが強いのかもしれません。

第10課　受　験

自我検測

1. 録音を聞いて、a～dの中から正しいものを一つ選びなさい。

(1) 質問：朝起きられない理由は何ですか。

　　A：最近、暑さのせいで、夜、よく眠れないんです。
　　B：それは、大変ね。
　　A：それで、朝、起きられなくて……。今日も母に「早く起きなさい。遅刻するわよ。」って言われて、やっと起きたんです。

　　質問：朝起きられない理由は何ですか。
　　a．暑くて眠れないから。
　　b．夜、寝たくないから。
　　c．学校へ行きたくないから。
　　d．夜遅くまで勉強しているから。

(2) 質問：なぜ運動場へ行きますか。

　　A：あー。疲れた。
　　B：勉強で疲れているときは、軽い運動をするといいですよ。
　　A：そうなんですか。
　　B：ずっと机の前にいると気分も暗くなりますからね。ちょっと机から離れて体を動かすと、いい気分転換になりますよ。
　　A：ありがとうございます。じゃ、早速、運動場へ行って来ます。

　　質問：なぜ運動場へ行きますか。
　　a．勉強をしたくないからです。
　　b．勉強で疲れているので、気分転換をしたいからです。
　　c．バスケットボールの試合があるからです。
　　d．先生が運動場へ行きなさいと言ったからです。

(3) 質問：残りのケーキはどうしますか。

　　A：うわぁ、このケーキ、おいしいですね。
　　B：あれ、まだもう一人分残ってますね。
　　A：ああ、それは、野口さんの分です。
　　B：野口さんの分ですか。じゃあ、食べてしまおうかな。
　　A：ええ？
　　B：大丈夫。野口さん、いつも痩せたいって言ってますから。

　　質問：残りのケーキはどうしますか。
　　a．野口さんが食べてもいいというので食べます。

b．野口さんは食べないと思うので食べてしまいます。
　　c．誰も食べる人がいないので、残しておきます。
　　d．二人で半分ずつ食べます。
(4) 質問：田中さんはどんな人ですか。
　　A：この地域の歴史を研究したいんですが、資料を貸していただけませんか。
　　B：この地域のことなら、資料で調べるより田中さんに聞くといいですよ。このあたりで一番のお年寄りで、いろんなことをよく知ってますから。
　　A：そうなんですか。それじゃあ、田中さんの連絡先、教えていただけますか。
　　質問：田中さんはどんな人ですか。
　　a．この地域の資料を管理している人です。
　　b．この地域で一番親切な人です。
　　c．この地域のことを一番よく知っている人です。
　　d．この地域で一番若い人です。
(5) 質問：李さんは毎日猫に食べ物をやっていますか。
　　A：あっ、きょうも来た。
　　B：あれー、それ、李さんの猫ですか。
　　A：いえ、一度、食べ物をやったら、それ以来、毎日来るようになって……。
　　B：そうなんですか。
　　A：可愛いでしょう。
　　質問：李さんは毎日猫に食べものをあげていますか。
　　a．李さんの猫なので、もちろん毎日食べ物をあげています。
　　b．李さんの猫ではないので、食べ物をあげたことはありません。
　　c．李さんの猫ですが、食べ物はあげません。
　　d．李さんの猫ではありませんが、毎日来るので、食べ物をあげてかわいがっています。

2. **録音を聞いて、次のa～eの中から、理由としてふさわしいものを選びなさい。**
　(1) 朝起きられませんよ。早く寝なさい。
　(2) おしゃべりはやめて静かにしなさい。
　(3) 習ったところはしっかり復習しなさい。

(4) 人の多いところに行かないように気をつけなさい。

(5) この手紙を読んだらすぐに連絡をしなさい。

六、课文翻译

ユニット1 妈妈打来的电话

（在宿舍里）

渡边：喂

渡边的母亲：喂，美咲。

渡边：啊，妈妈。

母　：你好吗？

渡边：嗯，还行。

母　：你好长时间没来电话，我有点担心。

渡边：对不起。最近，学校和打工一直都很忙。

母　：是这么回事，小学同窗会的通知来了，你去不去？写着下个月8号，你回不来吧。

渡边：嗯，下个月初马上就要考试了，不行吧。

母　：那我就回复说你去不了。

渡边：嗯，拜托。哎，我一直想见大家呢，真遗憾。

母　：顺便问一下，考试准备得怎么样？有进展吗？

渡边：嗯……最近状态有点不好，睡不好觉……

母　：是吗？

渡边：要是这样下去，恐怕及不了格吧。要是过不了，怎么办啊。

母　：你考试之前总是胆小，要振作起来。肯定没问题。你爸爸也在说"加油，别放弃"。

渡边：我知道了，谢谢！

母　：但也别太勉强啊。

渡边：妈妈你也多注意身体，问大家好。

ユニット2 鼓励渡边的聚会

（在宿舍里）

渡边：哎……哎……，我不学了，回日本吧。

高桥：你怎么了？

渡边：不知怎么的，突然觉得难过……汉语怎么学也不进步。

高桥：不会的。我觉得你的汉语非常好。

渡边：我不如你说得好，还差得很远……

高桥：没有。你比我强多了。昨天的会话课上老师还表扬你说得很自然流利呢。

渡边：可是……

高桥：你呀……

（第二天，在学校）

赵　　：高桥，渡边最近不太有精神。还是因为考试吗？

高桥：是的，好像是。现在正是得加油的时候，可……。

赵　　：考试之前，很辛苦啊。

高桥：嗯，所以我想为了鼓励美咲，大家一起去唱个卡拉OK什么的。

赵　　：好啊！要是唱卡拉OK就去MELODY吧，心情肯定会变好。

高桥：好的，对了，美咲一直想去MELODY来着。今天晚上我赶紧预订。

3 网上的帖子：大学生的烦恼

投稿

　　我今年考上了K大学，来到了东京。开学已经一个月了，但我还没有习惯大学的学习。我原以为艰苦的考试之后等待我们的是愉快的大学生活，但大学的学习没有那么轻松。考试复习的时候只要用功背下来就差不多了，但现在不是这样，而且身边的人好像都很聪明，我觉得自己有些跟不上了。

——A.N.

答复

A.N.：

　　我去年这个时候和你有同样的感受，经过反复考虑，决定休学一年。现在回想起来，考试的时候没有认真考虑，就把父母让考的大学当做目标来努力。但如果不是真正感兴趣的东西就很难深入思考，所以我就索性休学，决定一边打工一边寻找自我。虽然现在还没有找到答案，但发现自己从思考问题这一点出发开始对哲学感兴趣，就转到了哲学专业。现在能学有兴趣的东西觉得很愉快。你也先从审视自我开始怎么样？

——博莱顿

A．N．和博莱顿都在很认真地思考，真了不起。我上一年级的时候也是和A．N．一样很烦恼。但现在十分享受大学生活。学习还算过得去，在社团活动方面（网球）很下功夫。爸爸批评我说"交学费不是为了让你玩的，别再打网球了"，被他这么一说，我就反驳说："在社团里可以学习怎样与人相处"。我有时也会想这样生活下去要是毕不了业该怎么办啊。但又一想反正也在拿学分，现在这样也挺好。A．N．你也应该想一想如何更快乐地度过大学生活吧。

千夏妹妹

第11課　アルバイト

一、教学目标

1. 能够与他人商量事情，寻求帮助。
2. 能够进行简单的交涉。
3. 能够用得体的表达给未曾谋面的人打电话。
4. 了解就业形式，思考应对措施。

二、语言知识点、学习重点及语言能力拓展

1. 语言知识点及学习重点

ユニット1

语言知识点	学习重点
① ～てしかたがない〈极端的心理状态〉 ② Nさえ～ば〈充分条件〉 ③ Vてほしい／Vないでほしい〈对他人的希望〉 ④ に〈主体〉	(1)用「Vてほしい／Vないでほしい」向他人表述自己的希望。 (2)掌握表示能力主体「に」的用法，总结已学过的其他用法。

ユニット2

语言知识点	学习重点
① N／A_Ⅱでいらっしゃる〈尊他〉 ② で〈动作主体〉 ③ Vていらっしゃる〈尊他〉 ④ ～とは限らない〈否定性可能〉	(1)掌握本单元所学的尊他语表达方式。 (2)掌握表示能力主体「で」的用法，总结已学过的其他用法。

第11課　アルバイト

ユニット3

语言知识点	学习重点
① ～まる／～める〈程度的发展〉	(1)了解表示目的的「～まる／～める」的区别。
② 感情形容词＋させる〈引发感情〉	(2)掌握「感情形容词＋させる」的用法。

2. 语言能力拓展

(1)结合自己关心的问题调查有关就业的相关情况。

(2)小组讨论，了解就业形式，并思考自己如何面对。

三、语言知识拓展

（一）词汇

自分らしさ

「～らしい」通常接在名词后，表示"符合……特质（的），有……排头（的）"，也经常像本课第3单元的「自分らしさ」那样，用作名词，表示"真实全面的自我，自我风采"等。在课堂上，可以请同学们讨论除了课文里说的这些，还有哪些要素是求职面试时必要的「自分らしさ」。

（二）语法

1. ～てしかたがない〈极端的心理状态〉（→📖条目1）

a. 该句式表示说话人自然产生的强烈的感情、感觉。如果主语非说话人，句末要加「ようだ、そうだ、らしい」等后缀。

(1)面接に合格した李さんは嬉しくてしかたがないようだ。

(2)あの子は学校生活が楽しくてしかたがないらしい。

b. 不表示感情、感觉的形容词和动词一般不用于该句式，如：

(3)×王さんは日本語が上手でしかたがない。

(4)×成績が優れてしかたがない。

c. 常用的前接词汇有：

Ⅰ类形容词：Vたい　　うれしい　楽しい　悲しい　寂しい　悔しい
　　　　　　怖い　　　羨ましい　おかしい　かわいい　欲しい　つらい
　　　　　　つまらない　痛い　　眠い

Ⅱ类形容词：残念　心配　不思議　退屈　好き　いや　暇

动词：気になる　腹が立つ　涙が出る　泣ける　思える
　　　疲れる　のどが渇く　お腹が空く　腹が減る

2. Vてほしい／Vないでほしい〈对他人的希望〉（→ 条目3）

　　a.「Vてほしい」的否定形式除了「Vないでほしい」之外，还有「Vてほしくない」，前者表示对听话人的要求、命令，否定的语气较强；后者表示不希望对方或他人做某事，应尽量避免之意。试比较：

　　(1) 家に来ないでほしい。
　　(2) 家に来てほしくない。

　　b. 主语为非第一人称时，句末需要加「ようだ、そうだ、らしい、って、と言っていた」等表达方式。

　　(3) 彼は誰かに手伝ってほしいようだ。
　　(4) おばあちゃんは時々帰ってきてほしいって。

3. に〈主体〉（→ 条目4）

　　a. 该用法一般以以下形式出现：
　　　［人］に（は）〜が〜可能形式

也就是说，在该句式中，能力的主体以"に格"表示。"に格"在表示对比的含义或心理、能力方面不可能的含义（即否定义）时使用较多，通常后面加「は」。如：

　　(1) 大丈夫だよ、君にはできると思う。
　　(2) 自分に小説が書けるなんて思っていなかった。
　　(3) そんなバカな話、僕には信じられない。
　　(4) この本は難しい言葉が多くて、5歳の娘にはまだ読めない。
　　(5) こんな製品は、若い人には使えるけれどお年寄りには使えない。
　　(6) 初めての人にも理解できるように説明してください。

在表示某人具备某种能力［如（7）］或者某种条件、状况下的不可能［如（8）］时，一般不使用"に格"。

　　(7) 高橋さん｛？に　〇は｝中国語が話せる。
　　(8) 小さい子供がいるので、彼女｛？には　〇は｝出かけられない。

　　b.「見える」「聞こえる」「わかる」等表示感知状态的动词主体，也经常用"に格"表示。

　　(9) 鳥は人間には見えない紫外線が見えると言われている。

(10) 他の人に聞こえないように、小さい声で話す。
(11) 難しい内容を相手に分かる言葉で説明しよう。

1. で〈动作主体〉（→ 条目2）

该用法用于表示处理、应对事件时作为动作主体的机构、组织、成员等。

(1) 家事は姉と私で分担している。
(2) わが社で開発した新製品をご紹介します。
(3) 政府・与党で検討した法律案が国会で審議される。

表示主体的格助词可简单总结如下：

格助词	意义	例句
が	动作、变化、状态等的主体	a. 太郎が行く。 b. 信号が変わった。 c. 机の上に本がある。
に	能力的主体	d. 私にはできない。
から	动作的起点为主体	e. 私から社長にご報告します。
で	机构、组织等为主体	f. 警察で調べている。

1. 感情形容词＋させる〈引发感情〉（→ 条目2）

在第一册第10课学习过「Nにする／A₁くする／A₂にする」的句式，表达的是人使事物发生属性、状态变化，如「部屋を明るくする」「教室をきれいにする」。要表达某物或某事使人产生了某种感觉、感情，则经常使用以下句式，一般为书面语。

　　　　　［物／事］が ［人／心］を A く／に させる
　　　　　　　（A 为表示感觉、感情的形容词）

(1) 先生の話が生徒達を眠くさせた。
(2) その言葉が私の心を暖かくさせてくれた。
(3) 自分のどんな行動が相手を不快にさせたのだろう。
(4) 参加者を退屈にさせないための工夫が必要だ。
(5) おもしろいことを考えて、みんなを楽しくさせたい。

四、学习手册答案

自我检测

I. 文字、词汇、语法

1. (1) じゅうし　　(2) てつや　　(3) まぎわ　　(4) じちたい
   (5) がいけん　　(6) じんじ　　(7) せっとくりょく　(8) どくそうせい
   (9) いちやづ　　(10) せいけつ

2. (1) 意欲　(2) 内定　(3) 反省　(4) 姿勢　(5) 採用
   (6) 中身　(7) 不快　(8) 憂鬱　(9) 有利　(10) 初志貫徹

3. (1) a　(2) a　(3) b　(4) d　(5) c
   (6) d　(7) a　(8) b　(9) d　(10) b

4. (1) に　(2) でも　(3) なんて（なんか／などは）　(4) と
   (5) に　(6) に　(7) とは（とも）　(8) のに（けど）
   (9) にも（でも）　(10) で

5. (1) わからない（わかってもらえない／わかってあげられない）
   (2) サービスがいい（良いサービスをしてもらえる／良いサービスをしてくれる）
   (3) されて（なさって）　(4) 学生らしく　(5) あれば
   (6) ワクワクさせている　(7) 吹かない

6. (1) c　(2) d　(3) c　(4) d　(5) c

7. (1) d　(2) d　(3) b　(4) d　(5) c　(6) c

8. 回答例
   (1)① 母にゆっくり休んでほしい。
   　　② 父にちゃんと体調管理してほしい。
   　　③ 両親にいつまでも元気でいてほしい。
   　　④ 友達に幸せになってほしい。
   　　⑤ 先生に試験問題を簡単にしてほしい。
   　　⑥ 日本人留学生を紹介してほしい。

(2)① 成績が悪くても叱らないでほしい。
　　② 服装に注文をつけないでほしい。
　　③ 悩みなどを一人で抱え込まないでほしい。
　　④ 宿題をたくさん出さないでほしい。
　　⑤ テストをしないでほしい。
　　⑥ 授業中私を指名しないでほしい。

9. 回答例
　　省略

Ⅱ. 听力

1. (1) a　　(2) b　　(3) d　　(4) b

2. (1) ×　　(2) ×　　(3) ×　　(4) ○

3. (1) a　　(2) c　　(3) c　　(4) c

Ⅲ. 阅读
b、d

五、学习手册听力录音

实力挑战
あなたは翻訳のアルバイトの面接に来ています。1分間で自己紹介をしてください。

自我检测
1. 録音を聞いて、a～dの中から正しいものを一つ選びなさい。
　(1)質問：おじいさんの家族は、この人に遊びに来てほしいですか。
　　　A：おじいさんはお元気でいらっしゃいますか。
　　　B：耳はちょっと遠くなりましたが、元気ですよ。
　　　A：そうですか。また遊びに行ってもいいですか。
　　　B：ええ、ぜひ。

質問：おじいさんの家族は、この人に遊びに来てほしいですか。

a．来てほしいです。

b．耳が遠いので来てほしくありません。

c．絶対に来てほしくありません。

d．病気が治ったら来てほしいです。

(2)質問：王さんはどんな人ですか。

A：はーい、じゃあ、宿題の作文を集めますよ。

B：あっ、しまった！先生、すみません、宿題を忘れてしまいました。

A：宿題を忘れるなんて王さんらしくないですね。あとで、研究室まで持って来てください。

B：わかりました。すみません。

質問：王さんはどんな人ですか。

a．よく宿題を忘れる人です。

b．あまり宿題を忘れることがない人です。

c．宿題を忘れても、悪いと思わない人です。

d．ほとんど宿題をすることがない人です。

(3)質問：山田さんは趙さんに何をお願いしましたか。

A：もしもし、趙さん、お願いがあるんですけど。

B：山田さん、何ですか。

A：実は、朝から、頭が痛くてしかたがないんです。

B：えっ、それはいけませんね。

A：それで、病院に行こうと思うんですが、中国語に自信がないので、趙さんに一緒について来てほしいんです。

B：いいですよ。すぐに行きましょう。

A：それから、みんなに心配をかけたくないので、このことを言わないでもらえませんか。

B：わかりました。

質問：山田さんは趙さんに何をお願いしましたか。

a．みんなと一緒に病院に来てほしい。

b．病院に行くことをみんなに言っておいてほしい。

c．心配をかけたくないので、一緒に病院に来ないでほしい。

d．一緒に病院に行ってほしいが、みんなには言わないでほしい。

(4)質問：どうしてギターを習い始めたのですか。

A：山田さんはいつからギターを習っていらっしゃるんですか。

B：2年前からです。

A：どうして、習い始めたんですか。

B：友達に誘われて、何となく始めたんです。でも、けっこう楽しいんですよ。それで2年も。

A：そうなんですか。

質問：どうしてギターを習い始めたのですか。

a．ギターを買ったから。

b．友達に誘われたから。

c．ギターを弾くのは楽しいから。

d．ギターを習いたいと思ったから。

2. 録音の内容と合っていたら○、間違っていたら×を書きなさい。

A：もしもし、南北大学日本語科の陳と申しますが、日本料理クラブはこちらでしょうか。

B：はい、そうですが。

A：あの、すみませんが、代表の方にちょっとお話を伺いたいのですが、お願いできないでしょうか。

B：少しの時間ならかまいませんよ。私が代表の森です。

A：ありがとうございます。突然で本当に申し訳ございません。それでは、最初の質問ですが、そちらのクラブでは、どれくらい定期的に活動をしていらっしゃるんですか。

B：えーと、週に1回、土曜日の午前10時半から活動しています。市民文化センターの2階でやっています。

A：メンバーは何人くらいいらっしゃるんですか。

B：15人です。でも、毎回全員来るとは限りません。いつもだいたい10人前後ですね。

A：そうですか。一度見学させていただけないでしょうか。

B：ええ、かまいませんよ。今日は木曜日ですから、次の活動はあさってです。

A：わかりました。申し訳ありませんが、あさっては私に動かせない予定がありますから、その次の土曜日でもよろしいですか。

B：けっこうですよ。

A：ありがとうございます。

B：お待ちしています。

　　A：突然のお願いでしたのに、本当にありがとうございました。それでは、失礼
　　　　します。

3. 問題文を聞いて、最も正しい返答を、a～cの中から一つ選びなさい。

　(1) A：もしもし。わたくし、東西大学の三保健介と申します。すみませんが、
　　　　　人事課の丸井さんをお願いできますか。

　　　B：(　　　　　)

　　　a．はい、丸井はわたしですが。

　　　b．いらっしゃいません。

　　　c．ようこそいらっしゃいました。

　(2) A：李さん、お待たせ。

　　　B：(　　　　　)

　　　a．いいことですね。

　　　b．私、できるかな。

　　　c．あっ、木村さん、すみません。お忙しいのに。

　(3) A：高橋さん、ちょっと相談したいことがあるんですが。

　　　B：(　　　　　)

　　　a．よろしくお願いします。

　　　b．それはよかったですね。

　　　c．はい、何でしょう。

　(4) A：一度こちらにいらっしゃってください。

　　　B：(　　　　　)

　　　a．失礼いたします。

　　　b．少々お待ちください。

　　　c．ぜひ。よろしくお願いします。

六、课文翻译

1 寻找打工机会

（在校园的食堂里）

山田：啊，赵媛媛，等了一会儿了吧？

赵　：啊，山田，对不起，你这么忙还……。

第11課　アルバイト

山田：没有，找我商量什么？
赵　：其实是打工的事。
山田：打工？
赵　：嗯。我想在暑假里找一份能用得上日语的兼职。
山田：为什么突然……？
赵　：不知不觉日语学到了现在，李东参加了演讲比赛，王宇翔可能要去留学……。
山田：哦。
赵　：所以，我突然觉得自己也得干点什么。现在我特别想找一份能用得上日语的事来检验一下自己的能力。
山田：是这么回事啊，那很好嘛。什么工作好呢？
赵　：什么都行，只要能用日语，报酬低一点儿也没关系啊。
山田：是吗，那翻译的工作怎么样啊？
赵　：啊，翻译？
山田：是的，昨天刚刚有人托我找能翻译的人。
赵　：我能行吗？
山田：你不是想试试自己的能力吗？啊，对不起，我马上要上课，再跟你联系吧。
赵　：啊，好，好吧。那就拜托你了。

ユニット2 打给公司的电话

（在电话中）

丸井：你好。
赵　：喂，我是京华大学的赵媛媛。请找人事科的丸井先生。
丸井：啊，我就是。
赵　：啊，您就是丸井先生吗，是京华大学的山田香织介绍我给您打电话的。您现在说话方便吗。
丸井：哦，你是山田的师妹吧，请讲。
赵　：是这么回事，我听山田说贵公司正在找能做翻译的人，现在还需要吗。
丸井：是的，还在找。
赵　：是吗。我是京华大学日语专业的学生，学日语有两年了，要是可以的话，能让我来兼职吗。
丸井：是这样啊。那请你务必来一趟，我们谈一谈。
赵　：谢谢。我什么时候去合适呢？

丸井：是啊，明天下午怎么样？

赵　：3点以后可以。

丸井：那请你3点半来这里吧。但即便面试了也不一定马上就能录用，可以吗？

赵　：好的，没关系，请多关照。

丸井：那，明天见。我等着你。

赵　：谢谢，再见。

3 即将开始的求职活动

　　企业重视面试的倾向逐年增强。如何在有限的面试时间内表现自我？这里总结了学长们的建议。

〈面试的准备〉

总结一下学生生活

　　在求职活动中肯定会被问到"你的大学生活是怎样的"。不一定是只要有非同寻常的经历就会被录用。不仅仅是经历本身，希望你们补充上今后如何有效地利用这种经历等的附加值。用自己的语言具体地表述出来，这很重要。

了解自己

　　从正面把握自己，并以"积极地""独创地"等关键词表达出来。实际交谈的时候，举一些具体的例子，使内容具有说服力。

了解社会

　　在求职活动中，需要有主动作用于社会的姿态和意识，要养成在平时就对社会问题、国际问题持有问题意识的习惯。不要临阵磨枪，而要日积月累地努力，这样就能用自己的话来回答问题了。

注意仪容

　　人的内在素质很重要，但在有限的面试时间里，我们也要注意决定第一印象的外表。清洁感很重要，不要令对方感到不快。

不要放弃，挑战到底

　　在已步入社会，如今愉快地工作着的学长们当中，有很多人是到毕业前夕才把工作定下来的。尽管工作一直没有着落，但他们并不在意周围人的看法，而是要找到适合自己的工作。让我们以不忘初衷的精神努力吧。

（引自《求职信息》）

第12課　旅立ち

一、教学目标

1. 能够根据不同场合及人物关系得体地使用敬语。
2. 能够谈论过去发生的事情，并表达自己现在的心情。
3. 总结自己的日语学习情况，制定日后的学习计划。

二、语言知识点、学习重点及语言能力拓展

1. 语言知识点及学习重点

ユニット1

语言知识点	学习重点
① お／ごVです〈尊他〉 ② V（ら）れる〈尊他〉 ③ Vていただけませんか〈客气地请求〉 ④ Nのところ〈处所化〉	(1) 掌握本单元所学的尊他语表达方式，复习已学过的尊他语。

ユニット2

语言知识点	学习重点
① V（よ）うとする〈意图〉 ② Vている／Vるうちに〈发生变化的时间范围〉	(1) 了解「V（よ）うとする」与「Vたい」的区别。

ユニット3

语言知识点	学习重点
	(1) 分析课文结构，理解课文内容。

2. 语言能力拓展

（1）总结自己的日语学习成果和不足，组内分享日语学习感受，制定日后的学习计划。

三、语言知识拓展

（一）语法

1. お／ご V です〈尊他〉（→ 条目1）

　　a.「お／ご V です」是一种尊他的形式，这种敬语形式的能产性并不强，并非所有动词都能用这种形式。常见的有：

　　◇ お持ちです／お待ちです／お帰りです／お探しです／お呼びです／お出かけです／お過ごしです

　　◇ ご旅行です／ご出席です／ご利用です／ご案内です

　　b. 与「お／ご V になる」相比，「お／ご V です」多表示正在进行的动作，「お／ご V になる」多表示将要进行的动作。

　　（1）a. 友達をお待ちですか。　　→ 待っていますか。　（您在等朋友吗？）
　　　　 b. 友達をお待ちになりますか。→ 待ちますか。　　（您要等朋友吗？）
　　（2）カードをお持ちですか。　　→ 持っていますか。　（您有卡吗？）
　　（3）家をお探しですか。　　　　→ 探していますか。　（您在找房子吗？）

在某些时间词语的存在的语境中，「お／ご V です」有时也可以表示将要进行的动作。如：

　　（4）今からお帰りですか。（帰りますか。）

2. V（ら）れる〈尊他〉（→ 条目2）

「V られる」可以表示多种含义，我们目前学过的用法有如下几种，教学中可以带领学生进行一个阶段总结。

　　表示被动：混んだ電車の中で足を踏まれた。
　　表示可能：この試験は誰でも受けられる。
　　表示自发：雪が降ると、故郷のことが思い出される。
　　表示尊敬：これからどちらに行かれますか。

第12課　旅立ち

ユニット 2

1. Vている／Vるうちに〈发生变化的时间范围〉（→条目2）

第3课学习过「うちに」表示时间范围的用法，表示在某状态持续的时间范围内，尽快进行后续的动作，相当于"趁着……做某事"的意思，此时前面可以接动词、形容词或名词。本课的这个用法只能接动词（动词持续体「Vている」的形式最为典型），表示这个动作做着做着就发生了后续的变化。讲解中还可以根据情况补充例句：

(1) 毎日会っているうちに、だんだん彼のことが気になってきた。
(2) 何度も練習しているうちに、上手に話せるようになりました。

这个用法也可用于动词否定形式，如：

(3) 会わないうちに、すっかり大人になりました。
(4) 知らないうちに、鈴木さんは会社を辞めていた。
(5) 気がつかないうちに、雨が降っていた。

四、学习手册答案

自我检测

I. 文字、词汇、语法

1. (1) ゆうしょう　(2) かんぱい　(3) こと　(4) つう　(5) きょうそう
   (6) きょうつうてん　(7) おお　(8) たびだ　(9) であ　(10) そだ

2. (1) 充実　(2) 恐　(3) 先入観　(4) 財産　(5) 予知
   (6) 別　(7) 興奮　(8) 貴重　(9) 視野　(10) 失敗

3. (1) a　(2) c　(3) a　(4) b　(5) c
   (6) d　(7) a　(8) a　(9) c　(10) b

4. A (1)　(5)　(6)　(9)
   B (3)　(7)　(10)
   C (2)　(4)　(8)

5. (1) 立とう　(2) 訪問された（ご訪問なさった）　(3) 考えさせて
   (4) 紹介して（ご紹介）　(5) 入れよう　(6) 降り
   (7) し　(8) 楽しま

6. (1) a (2) b (3) b (4) c (5) d
   (6) b (7) b (8) a (9) c (10) a

7. (1) A：ございます、B：申します、いらっしゃいます、A：おります、B：お帰りになります(お戻りになります)、B：お電話します(お電話いたします)
   (2) A：話されます(お話しになりますか)(お話しなさいますか)
   (3) していらっしゃいます(なさっています)
       →A：していらっしゃいます(なさっています)(なさっておられます)
   (4) お伝えください
   (5) A：ご存じです(ご存じでいらっしゃいます)

Ⅱ.听力

1. (1) b (2) a (3) d (4) c (5) d

2. (1) b (2) a (3) c

3. (1) × (2) ○ (3) × (4) ○

Ⅲ.阅读

(1) インターネットとは、いわば世界中のコンピューター端末の間に構築されたネットワークのことである。
(2) 地球の大きさについての認識を新たにしてきた。
(3) インターネットの普及によって、世界のありとあらゆる情報に触れられ、新しい国際社会のコミュニケーション・スタイルが作り出された。
(4) 仮想体験は実体験には及ばないので、真の国際社会のコミュニケーションが実現できない。

五、学习手册听力录音

实力挑战

「私と日本語」というテーマで1分間スピーチをしてください。
まず5分準備して、それから始めてください。

第12課　旅立ち

自我检测
1. 録音を聞いて、a～dの中から正しいものを一つ選びなさい。
   (1) 質問：先生は今から何をしますか。
      A：先生、お帰りですか。
      B：いいえ、今から胡先生のところで会議です。王さんはどこへ行くの？
      A：祖母のところへ。
      B：そうですか。おばあさんのうちは近いの？
      A：はい、バスで30分くらいです。
      質問：先生は今から何をしますか。
      a. 胡先生のところへ帰ります。
      b. 会議に参加します。
      c. おばあさんのうちへ行きます。
      d. バスに乗ります。
   (2) 質問：ビルの工事はいつまで続きますか。
      A：毎日、工事の音がうるさいなあー。いつまで続くのかな。
      B：建て始めたばかりだからね。
      A：ビル、早く出来上がらないかな。
      質問：ビルの工事はいつまで続きますか。
      a. しばらく続きそうです。
      b. 続かないと思います。
      c. ずっと続いてほしいです。
      d. もうすぐ終わると思います。
   (3) 質問：今週末、何をしますか。
      A：先輩の就職活動のレポートを読みました。本当に勉強になりました。
      B：そう、それはよかった。
      A：もっと詳しくお話を聞かせていただけませんか。
      B：いいよ。じゃあ、今週末はどう？
      A：はい、よろしくお願いします。
      質問：今週末、何をしますか。
      a. 先輩のレポートを読みます。
      b. 先輩と食事をします。
      c. 就職活動をします。
      d. 先輩に話を聞きます。

(4)質問：男の子は宿題をしていましたか。
　　A：宿題はしたの？
　　B：お母さんは、いつも僕が勉強をしようと思ったときにそういうこと言うのよね。
　　A：あら、そう。
　　B：人に勉強しなさいって言われると勉強する気がなくなるよ。
　　A：いいから、いいから、早くやりなさい。
　　質問：男の子は宿題をしていましたか。
　　a．いつも勉強をしていました。
　　b．ちょうど宿題をしているところです。
　　c．まだ宿題を始めていません。
　　d．もう宿題は終わっていました。

(5)質問：日本の食事はどうですか。
　　A：日本の食事はどうですか。
　　B：おいしいですね。
　　A：そうですか。でも故郷の料理とはだいぶ違うでしょう。
　　B：ええ。日本で生活し始めたころは、味が薄くておいしくないと思いました。でも、毎日食べているうちに、大好きになりました。
　　質問：日本の食事はどうですか。
　　a．おいしくないので食べません。
　　b．故郷の料理とだいたい同じです。
　　c．味が薄くて食べられません。
　　d．最初は味が薄いと思いましたが、今は大好きです。

2. 録音を聞いて、会話の内容に関係する絵をa～eの中から選び、（　）に記号を書きなさい。
(1)A：あのう、これ、先生が書かれたんですか。
　　B：ええ。
　　A：貸していただけませんか。
　　B：かまいませんよ。
　　A：ありがとうございます。月曜日にはお返しします。
　　B：そんなに急がなくてもいいですよ。

(2) A：何かお探しですか。
　　B：うん、さっきまで、ここにあったはずなんだけど。本を読もうと思ったら、見つからなくて。
　　A：(笑いながら)先生……、頭の上に……。
　　B：あっ！
(3) A：先生、どうでしょうか。
　　B：内容的には問題ないね。ただ、文法的な間違いがいくつか……。
　　A：間違えたところを直していただけませんか。
　　B：わかった。きょうの夜、メールで送るよ。
　　A：ありがとうございます。

3. 録音の内容と合っていたら〇、間違っていたら×を書きなさい。

　　大学に入学して、あっという間に1年が過ぎました。この1年、たくさんの人に出会い、いろいろなことを経験しました。そうした中で、いろいろ考えさせられました。大学を辞めてしまおうと思ったこともありました。その時、一人の友達が、私の悩みを聞いてくれて、どうするべきか一緒に考えてくれました。その友達は、今、私の一番の親友です。

　　たくさんの経験のうちには楽しいことばかりでなく、辛いことや悲しいこともありました。でも、すべての経験をこれからの生活の中で、プラスの方向に生かしていきたいと思っています。

六、课文翻译

① 问候老师

（在校园里，王宇翔向远藤老师跑去）

王　　：远藤老师！您要回去吗？
远藤老师：啊，王宇翔，听说交换留学的事定下来了，祝贺你。
王　　：哦，您已经知道了。
远藤：嗯，昨天胡老师来，告诉我的。
王　　：托您的福，9月份就要去日本了，我也正想向您道谢呢。
远藤：真是不错啊，你和父母已经联系了吗？
王　　：嗯，昨天晚上打电话告诉他们了，他们俩都很为我高兴。他们说"好不容易争取到去日本的机会，好好努力"。

远藤：哦，是吗。你父母也期待着你的未来，努力吧！
王　：好。是这样，老师，去日本之前我得向东西大学提交一篇作文，您能帮我看看吗？
远藤：关于什么的作文？
王　：题目是《我和日语》。昨天晚上我开始写，但有几处不知道该怎么说……。
远藤：知道了，那你写完之后拿到我这里来吧。
王　：好的，那就拜托您了。再见。
远藤：再见。

②告别

（王宇翔的好朋友聚集在餐厅开欢送会）
渡边：差不多了，开始吧。赵媛媛呢？
李　：哦，刚才她来电话说因为在打工可能要晚30分钟左右，让咱们先开始。
渡边：是吗。赵媛媛放暑假以后好像很忙啊。
李　：是啊，虽然忙但好像很充实。赵媛媛说能用得上日语，收获很大，她非常高兴。
渡边：我也找个什么事儿做吧。
王　：渡边和高桥都通过了考试，真好。
高桥：王宇翔交换留学的事也定下来了，李东在演讲比赛中也获了奖。
渡边：这么说，我们这群人是从美穗和王宇翔的相识开始认识的。
王　：是的是的，我骑着自行车，正要拐弯的时候差点儿撞到高桥。
铃木：哦？有这样的事？
王　：嗯，第二天铃木介绍高桥和我认识，之后我们见了几次面就开始互学了。
渡边：现在我们大家好像每天都在互学。
王　：是啊。
铃木：那，我们先用果汁来干杯吧。
王　：好，那我们以后也要常联系啊！
大家：干杯！

3 我和日语

王宇翔

　　刚刚结识的日本人常会问我"日语好不好学"。刚开始学的时候我回答说"很难，不好学"。但现在我会回答说"虽然很难，但能用日语交流觉得很愉快"。那是因为在同日本朋友和中国朋友一起经历各种事情的过程中，我感受到了心与心相通的可贵之处。

　　成长的国家和文化不同，思维方式和感受方式肯定也不同。以前在我内心的某些地方还有这样的成见。但在同日本朋友一起去听音乐会、就现场的热烈气氛和我们的兴奋心情进行交谈，以及考试前互相鼓励的过程中，我的成见不知不觉地消除了。而且还认识到想法的不同主要源于个人的差异。同日本朋友和中国朋友一起做事、交谈时，有时意见会不一致。中国人之间或日本人之间也不一定想法总是相同的。上大学之后有过几次这样的经历，那时，我们就用日语这个共同的语言，就为何对方持有不同的观点这一问题，谈到能够相互理解为止。这对我来说确实是宝贵的经历。

　　下个月起我将去日本留学一年。我有些担心能否在新的环境中很好地生活下去。但惧怕失败的话就什么也做不了。难得去日本，我要积极地扩大交流圈，多和别人交谈，努力使自己成为视野开阔的人。